伟 大 的 思 想
GREAT IDEAS

15

怪异的大众幻想
SOME EXTRAORDINARY POPULAR DELUSIONS

〔英〕查尔斯·麦基　著
张　凯　译

商务印书馆
The Commercial Press

SOME EXTRAORDINARY POPULAR DELUSIONS
by Charles Mackay
Selection copyright © Penguin Books Ltd
Cover artwork © David Pearson
Simplified Chinese edition copyright © 2023 by The Commercial
Press in association with Penguin Random House North Asia.
All rights reserved.

 "企鹅"及相关标识是企鹅兰登已经注册或尚未注册的商标。未经允许,不得擅用。
封底凡无企鹅防伪标识者均属未经授权之非法版本。

涵芬楼文化　出品

➢ 译者序

查尔斯·麦基（Charles Mackay）是苏格兰记者兼作家，1814年出生于苏格兰珀斯，在伦敦开始了他的记者生涯，为多家报纸和杂志工作。麦基的写作风格以幽默犀利见长，他对人性的弱点有着敏锐的洞察力，能够将引人入胜的故事描述和精辟的历史分析结合在一起，发掘其中深刻的道理和教训。

《怪异的大众幻想与群体癫狂》（*Extraordinary Popular Delusions and the Madness of Crowds*）为麦基的代表作，首次出版于1841年，是一部经典的社会心理学杰作。本书拣选的几个故事均出自该文集。其中，《大都市中流行的荒唐事》讲述了一些大都市中流行的俗语或行为，它们往往毫无意义，甚至会有些愚蠢庸俗，短时间内便会成为人人乐此不疲的事物，然后又突然消失不见，仿佛从未出现过。但恰恰正是这些怪异的愚蠢行为，却能够在无形中给民众带来些许欢乐，减轻了压在他们身上的忧虑和负担。《南海泡沫》记录了18世纪初发生在英国的股票投资惨案，当时英国的民众由于误信南海公司能够从南美洲带来巨大的受益而争相购买其股票，妄想可以从中大赚一笔，公司股价几个月内上涨了1000%，最终却彻底崩盘，许多人血本无归，甚至包括国王在内的许多贵族也深陷其中。《郁金香狂热》则是另一起金融惨案，记录了17世纪发生在荷兰的郁金香投机活动。当时的郁金香受一些达官显贵的追捧而成为市场上炙手可热的商品，许多人在一种病态的投机心理驱使下纷纷投入郁金香交易，阿姆斯特丹、鹿特丹等城市甚至为其开设了专门的交易场所。但很快这场狂热就以价格暴跌宣告结束，很多投机者因此而败光了家产，一贫如洗。《慢性投毒犯》则转向了欧洲历史上臭名昭著的投毒事件。上至王室贵族，下至普通市民都曾卷入各色各样的恐怖案件之中，原因有的是权力之争，有的只是家庭矛盾，当时的人们仿佛只要有了嫉妒、报复之心，甚至细微的怨恨，都会诉诸投毒，而这种疯狂的行径似乎永远都难以彻底遏制。

这四个故事对人类心理的力量和群体的非理性进行了引人入胜的描述和研究，展示了非理性的信念和群体思维如何引发了全民狂热、经济泡沫乃至暗杀成性。阅读之时，我们可能很难相信，自诩理智冷静的人类怎会做出如此荒唐之事：一句毫无意义的词句能在城市之中引发全民热捧；一只小小的股票能被所有人当作一夜暴富的救命稻草；一株状如洋葱的植物可以让整个国家的商业陷入停滞；一瓶不起眼的毒药就能让杀人变成易如反掌之事。我们仿佛已经习惯了将自身视为理智冷静的人类，貌似可以与一些荒诞愚蠢之事保持距离，也可以遏制过度膨胀的金钱欲望，更应该能够摒弃可怕的杀人邪念。但在书中记载的这些真实事件中，我们却发现自身在诱惑面前是多么软弱无力。

作者在原书序言中曾写到，这"与其说是一段历史，不如说是一种幻觉的杂糅——只是一本关于人类愚蠢的伟大而可怕的书中的一章，这本书还有待书写"。不难推测，麦基知道，尽管历史上已经发生了各种愚蠢妄想的悲剧，但这些教训并不会让人类贪婪的欲望停下脚步。这些故事早已属于久远的过去，可类似的事件在今天却屡见不鲜，其中两桩投机惨案更是让人感到似曾相识。例如，最初比特币出现的时候价格大约是6元人民币，刚开始没有人在乎，后来却在各色人群的追捧下迅速飙升，2017年时价值曾达到14万元，被吹捧为全球货币的未来。自那以后，这种虚拟货币开始大幅下跌，许多人因此而濒临破产。但随后又出现一些波动，虽有前车之鉴，可仍然有一群真正的信徒和边缘投机者妄图从中发现暴富的可能。除此之外，许多国家都发生过的房地产泡沫、互联网泡沫以及各种各样期货市场上的疯狂投机行为等等，都足以让我们有所警示。许多金融领域的从业人士都将此书当作入门的必读书，他们并非是要从中看到某种宏观的经济结构或市场规律，而是要在这些古老的贪婪、乐观、迷信和狡猾的计划中反观自身。

当然，我们也可以从心理学的角度来阅读此书，其中所有的故事在发生伊始似乎都只是微不足道的偶发个例，却在各种流言、传闻的加持下影响了所有人的选择。除了贪婪的欲望之外，或许还有从众和模仿心理在发挥作用。当这些个例成为一些普遍的选择时，它们有时仅仅会成为都市中流行一时的玩笑，有时却由于掺杂着金钱和权力而造成了巨大的灾难。在当今互联网和社交媒体高度发达的时代，信息的传播速度远超从前，其中掺杂着各类真假难辨的资讯，不断冲击着每个人的大脑，一些可能只是为我们的日常生活带来了短暂流行的口头语或歌曲，而其他一些却会让很多人陷入莫名的恐慌或盲目的投资中。此时，还有多少人能保持理智，做出正确的判断，真的很难知晓。

总的来说，这是一本经得起时间考验的，发人深省、见解深刻的经典。虽然书中涉及的一些主题对当代读者来说可能很陌生，但作者在提供历史背景和相关人物介绍方面做得很好，尤其是对相关事件的起因、来源都有非常详细的解释。而且，作者的写作风格清晰简洁、明白晓畅，即使没有相关历史背景知识的读者在阅读时也不会有太大的障碍。读者既可以将其当作一本有趣的历史逸闻录来品鉴，也可以着力发掘事件当中蕴含的心理学原理，但无论以何种方式，一定都能从这本永恒的经典中获益良多。

张　凯

目 录

大都市中流行的荒唐事   1

南海泡沫   19

郁金香狂热   77

慢性投毒犯   91

↣ 大都市中流行的荒唐事

> 啦发嘿咚咚——啦发嘿咚咚
>
> 万岁,啦发嘿咚!
>
> ——贝朗热

大都市中流传着一些诙谐之事,对于那些热情好客、乐于拥抱一切的人而言,这些是他永不枯竭的快乐源泉,不过,他本身却举止优雅,不会嘲笑酗酒技工的愚蠢或怪癖,不会轻蔑肮脏的乞丐、不端的顽童,也不会对都市大街小巷中聚集的游手好闲者、粗鲁无理者以及亦步亦趋者冷嘲热讽。有这样一种人,他走过大城市就是为了找到令人悲泣之事,可能巡遍每个角落都是为了让自己心如刀绞;

让这样的人独自前行、品味悲伤吧——我们可不是他的同路人。这些人挖出苦难,仅仅是为了表示怜悯,他们的同情心对减轻人类痛苦毫无益处。哭泣的哲学家,悲痛对视力的损害过于频繁,面对那些他所痛恨的罪恶,他却无力透过眼泪找到补救方案。因此,我们经常会发现,没有眼泪的人才是真正的慈善家,他就像杰出的医生,即使面对最恶劣的病情也会微笑面对。

不幸已被无数次地记述,罪恶也遭到了口诛笔伐,大众的愚蠢更是数不胜数,我们不会再为其"锦上添花",至少在这一章不会。我们目前的任务不会令人生厌,就是在大城市的繁华地段闲逛,只图消遣,顺便记下一些穷人无伤大雅的蠢事和奇想。

首先,无论走到哪里,我们到处都能听到某种俗语,言者兴高采烈,听者忍俊不禁,这里有满手老茧、蓬头垢面的人,有粗鲁的屠夫,跑腿的小孩儿,放荡的女人,还有出租马车和轻便马车的马车夫,混迹街角的游手好闲之人。每逢说到这种俗语,无不引起哄堂大笑。它似乎适用于任何情况,可作为所有问题的答案。总之,它是时下最流行的俚语式的俗语,尽管流行的季节犹如昙花一现,却给脏乱不堪的穷人和捉襟见肘的工人生活带来了一缕笑逐颜开的亮光,让他们与身居高位的富足同胞有了一起欢笑的理由。

伦敦尤为盛产这种俗语,没人知道它是从哪儿突然冒出来的,也没人知道它是如何几小时内就人人皆知。多年前,最受欢迎的俗语(尽管它只是一个单音节词,但本身却是句俗语)是"库兹"(Quoz)。这个奇怪的词深受大众青睐,很快就几乎拥有了无穷的含义。当自作聪明的庸众想表示怀疑并博人一笑时,这句流行俚语必是不二之选。当一个人被要求帮忙而他却不愿出手相助时,他就会大喊"库兹",以表达对求助者厚颜无耻的态度。当淘气的顽童想惹恼一位乘客,逗自己的同伴开心时,就会对着他大喊"库兹",这种方法屡试不爽。当争论者想表达对对手观点正确性的怀疑,尽快摆脱这场毫无胜算的辩论时,他会轻蔑地翘起嘴唇,不耐烦地耸耸肩,说出"库兹"。这个普适性的单音节词传达了他的全部意义,不仅是说对手撒谎了,也告诉对手如果以为所有人都会像傻子一样相信你,那你就大错特错了。每个酒馆里都回荡着"库兹",每个街角都充斥着"库兹",方圆数英里的每堵墙上也都涂上了"库兹"。

但是，如世上万物一样，"库兹"也有季节性，来得快去得也快，马上便再得不到人们的宠爱和崇拜了。一个新来者将它赶下了台，拥有了无可争辩的统治力，但终有一天也会重蹈覆辙，被后来者取而代之。

"多难看的帽子！"（What a shocking bad hat!）这是随后流行起来的俗语。这句俗语一流传开，成千上万无所事事却又异常敏锐的眼睛就四处搜寻那些戴着过时帽子的路人，哪怕上面只是有一丁点儿痕迹。一刹那，一呼百应，就像印第安人发出了战斗的呐喊。一个人顿时处在了"众人视线的焦点"，如果他聪明，就会以逆来顺受的方式维护一下自己的尊严，但如果他对加诸自己帽子的恶意表示不满，那他就只会招来加倍的注意。乌合之众轻易就能辨别一个人是否暴躁易怒，如果又和他们同属一个阶层，那就会成为他们取乐的目标。在这句俗语流行的时日，当这样一个人，戴着这样一顶帽子走过喧闹的街巷，如果他的烦恼仅限于人们的大呼小叫，那他应该感到幸运。因为那些恶作剧者通常都会将这顶讨厌的帽子从他头上摘下来，扔进排水沟，然后再拿起来,带着污泥挂在一根棍子上取悦旁观者,这些看客笑弯了腰,大笑着说:"哦,多难看的一顶帽子!""多难看的一顶帽子!"许多神经质的穷人,只要钱包里还能省出这笔开支,一定都会在陷入这种窘境之前买顶新帽子。

这句独特的话给大都市带来了几个月的欢乐,但与"库兹"等来历不明的俗语不同,它的起源清清楚楚。曾经在南华克区有一场竞争激烈的选举,其中一位候选人是个著名的制帽商。这位绅士为了拉拢选民,就利用职业之便来赢得他们的好感,让他们不知不觉地接受贿赂。每当他拜访或遇到选民时,如果这位选民的帽子材质不是最好,或者材质不错但却不是时下最流行的,他总是会说:"你戴的帽子多难看啊!到我的店铺来,你会得到一顶新帽子!"在选举日当天,人们记住了这件事,当这位正直的候选人登台演讲时,他的对手充分利用了这一点,煽动人群不停地喊:"多难看的一顶帽子!"这句话从南华克区流传到了整个伦敦,成为一个时期最流行的俚语。

"乎基沃克"(Hookey Walker),源于一首流行民谣的副歌,曾经也一度颇受青睐,而且跟它的先驱"库兹"一样，可以作为所有问题的答案。随着时间的推移，只有后一个词变成了人们的最爱，而且说的时候会将第一个音节特意拉长，然后突然转向第二个。如果一个可爱的女仆被一个不喜欢的人强吻，她就会翘起小鼻子喊道："沃克!"如果一个清洁工向他的朋友借一先令，而他的朋友不能或不愿借给他，那他得到的回答很可能就是"沃克!"。如果一个醉汉在大街上摇摇晃晃地走着，一个男孩过去扯住他的衣襟，或者一个人拿帽子盖住他的眼睛来戏弄他，而无论哪种玩笑，伴随的始终都是那句"沃克!"。两三个月后，"沃克!"走下了舞台，再也没有重新成为那代人或后代人的戏谑用语。

下一句俗语最为荒谬。谁发明的，它是怎样流行起来的，或者在哪里第一次耳闻，我们都无从得知。一切都难以确证，但它却是数个月里伦敦人最热衷的俚语，给他们带来了巨大的满足感。所有熟悉这个城市的人，都会根据所指对象的性别不同说出"他瞪大眼睛过去了!"（There he goes with his eye out!）或"她瞪大眼睛过去了!"（There she goes with her eye out!）这句无厘头的话让清醒之人有了多少困惑，就给粗俗之人带来了多少欢乐。聪明的人认为它很愚蠢，但也有很多人认为这很可笑，无所事事的人会把它涂在墙上或刻在纪念碑上自娱自乐。但"一切光鲜终会褪色"，俚语也不例外。人们对这一癖好渐渐感到了厌倦，"他瞪大眼睛过去了！"在老地方再也听不到了。

随后粉墨登场的奇怪俗语则知名度较低，这是一句鲁莽无礼的问话："你妈妈的轧布机卖了吗？"（Has your mother sold her mangle?）不过，它的流行并非善意的瞎胡闹，因而也没有受到太长久的追捧。阻碍它进一步传播的，是其难以被老年人接受。因而，度过一个短暂的生涯后，它就被人遗忘了。后来者的声名要更大，根基更深，历经数年时尚的变迁也未真正湮灭。直到今天它还是一种常见的口语表达。这就是"爆发了！"（Flare up!）它出现于改革暴动时期，当时几乎半个布里斯托都被愤怒的民众烧毁了。据说火焰在这座忠诚的城市突然爆发了。不知是这几个词的发音令人着迷，还是其中有什么特别的意蕴；但不管是什么原因，它极大地满足了民众趣味，并将之前所有的俚语赶了出去。整个伦敦都只听到"爆发了！"。它可以回答所有问题，平息所有争论，适用于所有人、所有事及所有情况，突然变成了英语中最全面的俗语。一个人说话的时候不顾礼节,人们会说他爆发了;一个人经常光顾酒馆,结果堕落了,那他就是爆发了;自己深陷情欲,夜间街头漫步嬉戏,惊扰邻居,或到处制造骚乱,这就是爆发了。恋人之间争吵是爆发了,街头无赖打架也是如此,暴动和革命的传道士也会煽动英国人像法国人一样爆发。人们是那么喜爱这个词,以至于变成了为说而说。他们显然很享受听到自己器官发出的这个声音,当劳工们的诉求得不到回应时,他们经常会用这句东部最著名的俚语来震骇西部的贵族。甚至在万籁俱寂的深夜,那些守夜人、失眠的人耳畔同样回荡着这种声音。摇摇晃晃回家的醉鬼,在打嗝儿的间隙会大叫"爆发了!"来表明自己还是一个人、一个公民。酒精让他丧失了组织其他想法的能力,他的智商已经降到与野兽无异,但他凭着最后这一句人人皆知的呼喊守住了人性。当然,他可以大喊他有作为英国人的权利,不应像狗一样睡在阴沟里!他往前走着,喊声惊扰了宁静的街道和安睡的人们,直到彻底筋疲力尽,无力地滚到路上。后来警察无意中发现了躺着的他,这位和平卫士照着他的脸说:"这儿有一个爆发了的可怜鬼！"然后叫来担架，把这个喝断片儿的受害者抬到警卫室，扔进一间脏兮兮的牢房，让他和同样半死不活的可怜虫待在一起，而他们则会用一句又长又洪亮的"爆发了！"向这位新同伴致敬。

这句俗语如此无所不能，流行得如此经久不衰，投机者认为它不会消失，于是便以此为名创立了一份周报。但就像在沙地上建房子一样，根基还是不够牢靠，这句俗语和报纸终究还是被扔进了历史的故纸堆。人们最后还是感到了单调乏味，"爆发了！"变成了一句粗俗的话，渐渐只会在不谙世事的孩童那里流行，然后随着时间的流逝被完全遗忘。我们听到的时候它已经不再是一句流行的俚语，但仍会用于指称那些突然爆发的火灾、骚乱或恶行。

下一句集万千宠爱的俗语则不够简洁，而且似乎最早是针对那些早熟的年轻人，他们总是要装出一副与年龄不相称的大人样。"你妈妈知道你出来了吗？"（Does your mother know you're out?）问的是那些虚张声势的年轻人，他们在大街上抽雪茄，戴着不可一世的假胡子。我们见过许多自高自大的人，他们会直勾勾地盯着身边走过的女人，直到她们惊慌失措，但只要一说出这句话，他们卑微的本性立刻就展露无遗。衣冠楚楚的学徒小伙子和店员对这句话深恶痛绝，听到就会勃然大怒。总的来说，这句话还是颇有助益的，它无数次告诫那些虚荣的年轻人，他们远没有自己想象的那样漂亮动人。它之所以会令人恼火，乃是因为它怀疑对方是否有自我主导的能力。"你妈妈知道你出来了吗？"是在假装担心和关怀，言下之意是，这样一个不更事的年轻人没有父母的引导就在大城市里闲逛，实在令人遗憾和揪心。因此，那些即将成年的人一旦听到有人对自己说这句话，必会勃然大怒。年长一些的也不喜欢它。一个公爵家族或勇士封号继承者被一个无视其身份的马车夫说了这句话，他感觉受到了侮辱而暴怒，要求和冒犯者对簿公堂。马车夫解释只是想跟这位老爷索要符合其头衔的双倍车费，遭到拒绝后问："你妈知道你出来了吗？"所有证人席上的车夫都加入了提问，而这位老爷只能在他们的笑声中尽可能不失体面地落荒而逃。最后马车夫恳求说自己不知道他的顾客是位老爷，但正义仍因他的错误而惩罚了他。

时间流逝，这句俗语和它的前辈们一样也消逝了，取代它的是"你是谁？"（Who are you?）。这位新宠儿一夜之间就像蘑菇一样冒了出来,又像齐普赛街上的青蛙,随着一场骤雨掉了下来。前一天还闻所未闻,未被发掘,第二天就传遍了伦敦。每条小巷都回荡着它的声音,每条大路都有它的余音缭绕。

大街小巷,四处回荡
这不变的呼喊。

这句话语速很快,开头结尾的发音都很急促,中间则轻如呼吸。和所有的同伴一样,它也曾广为流传,适用于所有场景。喜欢用平淡的答案回答平淡问题的人绝对不会喜欢它。蛮横的人用它冒犯别人,无知的人用它掩饰自己,恶作剧者用它制造笑料。酒馆里每个新来的人都会被毫不客气地问一句:"你是谁?"如果他看起来傻里傻气地搔着头,不知该如何作答,四周就会爆发一片欢声笑语。面对这一句,权威的辩论家也会被驳倒,各种各样的假设同样都会遭到质疑。它最流行的时候,一位绅士感觉有贼在偷他口袋里的东西,他突然转过身抓住这个贼叫道:"你是谁?"围拢来的民众对这回应拍手叫好，认为这是他们听过的最妙的笑话，智慧的顶峰、幽默的精髓。另一个类似的场景给这句俗语带来了别样的刺激，为它在行将没落之际注入了新的生命和活力。这发生在王国刑事大法庭上。一个囚犯正在被审问，指控的罪行明显对他不利，辩护律师已经陈述完毕，不是为他辩护，而是恳请从轻发落、宽大处理，理由是他以前的生活和品行良好。"你的证人在哪？"那位博学的法官问道。"求求您，大人，我认识这个犯人，他是我有生以来见过最诚实的人。"一个粗哑的声音从走廊上传来。法庭上的官员们都惊呆了，那些陌生人也忍不住咯咯地笑起来。"你是谁？"法官突然抬起头，冷静而又威严地说道。整个法庭震惊了，咯咯笑声变成了哄堂大笑，几分钟后才恢复安静和秩序。引导员平复心情后，努力寻找那个大不敬的罪人，却没有找到。没人知道是谁，也没人看见他。过了一会儿，审讯继续进行。下一个受审的犯人预感自己的前景一片光明，因为他得知正义代表的神圣嘴巴刚刚说了那句流行语，就好像他对其有所感触且欣赏。完全不用担心这样一位法官会过度严厉。他的心与人民大众一起；他知晓他们的语言和行事风格，也会体谅他们受到诱惑而犯了罪。无数罪犯都这样想,因为这位博学的法官突然间受到了热烈的追捧。每个人都在称赞他的智慧,"你是谁?"也延续了自己的生涯,又被大众喜爱了一段时间。

  但是,两个占主导地位的俗语之间并非紧密衔接。它们的兴起不是前后相继的连续过程,而是要与歌曲分享人们的宠爱。因此,当人们热衷于音乐时,俚语的诉求就无人理睬;而当他们倾向于俚语时,无论多么动听的音乐都充耳不闻。大约30年前,伦敦四处回荡着一曲令所有人神魂颠倒的歌谣。女孩、男孩、年轻人、老年人、少女、少妇以及寡妇都喜爱音乐。人们对歌唱有着一种狂热;而最糟糕的是,就像小说《修道院》中的好神父菲利普一样,他们似乎完全无法改变自己的曲调。"樱桃熟了!""樱桃熟了!"整个城市游手好闲的人都整齐划一地唱着。每个吟唱的歌声都在跑调;每个疯狂的小提琴、嘶哑的长笛、沉闷的管乐器、街头风琴都在发出同一种曲调,让勤奋好学和喜欢安静的人们不得不绝望地堵上耳朵,或跑到几英里外的田野或树林里寻找安宁。这场瘟疫持续了12个月,直到这片土地上的人们厌恶了"樱桃"这个词。最后,大家的亢奋自行消逝了，喜爱的潮流又转到了新的方向。这段时间喜欢另一首歌还是一个俚语尚难确定；但可以肯定的是，不久后人们就疯狂地爱上了一个戏剧性的主题，无论去哪都能听到"汤姆和杰瑞"（Tommy and Jerry）。他们的娱乐已经不再仅仅满足于口头上的讨巧，开始转向了实际行动上的消遣。城市里的每个年轻人都深陷在特立独行的狂热中，他们会选择打倒"傻瓜们"（charlies），关进看守所一整夜，或者在圣吉尔斯窝点的放荡女人和下流男人中间大吵大闹。喜欢模仿的男孩们会去探索同样的事，并要跟那些年长一些的一较高下，直到这股毫无价值的激情（它本来就是）也跟其他的蠢事一样走到了尽头，全城迷恋上了另一种风尚。继任者被视为低俗趣味的顶峰，人们把拇指尖放在鼻尖，其他四根手指在空中转动，以此就可以回答全部问题。如果有人想羞辱或激怒另一个人，他只需要对着那人做这个手势就能实现目标。所有人群聚集的街角，如果有人好奇过去想看下他们在做什么，两分钟之内，其中一些人必然会对他做这种手势，表示对他的怀疑、惊讶、排斥或嘲笑。今天我们仍能看到这种荒唐习俗的残余，但业已被视为一种下流行径，即使在粗鲁之人那里也不例外。

大约16年前，伦敦又变成了最荒谬的音乐之城。嘶哑的*民众之声*（*vox populi*）唱着："大海，大海！"如果一位陌生人（也是哲学家）走在伦敦街头，听到这曲到处传唱的歌谣，他可能会建构起一种非常可爱的理论，阐述英国人对海洋事务的热爱以及我们在这方面公认凌驾于其他民族的优势。"难怪，"他可能会说，"这些人在海上是不可战胜的。他们对大海的爱就渗透在日常所思之中，他们甚至会在市场中歌颂它，他们的街头流浪歌手以此来索取施舍，高矮老少、男人女人都在歌唱称赞它的*颂歌*（*Io pæans*）。这个好战民族的民歌不会歌颂爱情——巴库斯不是他们的神。他们有更坚韧的品性，只考虑'大海，大海！'以及如何征服它。"

毫无疑问，如果他只是以耳闻为证，那必然会有这样的印象。哎，在那些日子里，真正懂得音乐的高雅耳朵们遭受了巨大的折磨！那种噪声，带着千差万别的音调演奏出一曲可怕的圣歌——谁都无从逃脱。萨沃伊的流浪歌手学会了这个曲调，在宁静街道上放声歌唱，乃至最深、最偏僻的屋子里都回荡着这种声音。整整六个月，人们不得不忍受着这种痛苦的折磨，疲惫到绝望，在陆地上都有了晕船的感觉。

后来又相继出现了几首歌，除了《到处都是我的帽子》(All Round My Hat)，其他的歌曲都没赢得特别的宠爱，这种局面一直持续到"吉姆·克劳"(Jim Crow)的出现。这首恶俗的歌曲是一名美国演员带来的，这位歌手唱的时候会穿着应景的服装，做着奇怪的姿势，还会在每节歌词结束时突然转一圈。这立刻引起了全城的兴趣，那些老实人的耳朵就要遭受无聊歌谣几个月的惊扰。

> 转啊，转啊，
> 就这样转吧——
> 转啊，转啊，
> 跳起来，吉姆·克劳！

街头流浪歌手涂黑了自己的脸，以此让歌曲更有效果；那些无父的顽童必须在偷窃和卖唱两种谋生方式之间做出选择，他们选择了后者，因为看起来更有利可图，前提只要公众的趣味保持不变。所有大道的夜市上都可以看到这个粗俗舞蹈及其伴奏的完美演出，歌词穿透熙熙攘攘的人群，四处回荡。在这首打油诗流行的全盛时期，冷静的旁观者：

> 坐在公路旁，
> 身上落满夏天厚厚的尘土，看着人潮来来往往，
> 多如黄昏的蚊蚋，

也许会和雪莱一起惊呼：

> 数百万人，劲歌热舞，
> 激情四射。

我们之前已经设想过，一位哲学理论家会根据英国人对海洋之歌过度的热爱而去反思他们的特性，得出自己的论点，而如果他突然再次来到伦敦，就会得出另一个貌似可信的理论，来解释我们废除奴隶贸易的不懈努力。"仁慈的民众啊！"他可能会说，"你们的胸襟多么宽广！你们是那样珍惜你们不幸的非洲同胞（他们只是在肤色上与你们不同），也不吝惜为他们付出的两千万爱心，所以你们想在身边留

下一个永久的纪念。吉姆·克劳是那个不幸种族的代表，也由此成为你们民众的偶像！看他们是如何高唱赞歌！如何模仿他的特色！如何在他们闲暇时不断重复他的名字！他们甚至雕刻出他的形象来装饰壁炉，他的事业和困难永远不会被遗忘！噢，仁慈的英格兰！噢，文明的先锋！"

当伦敦群众平静的思绪没有被暴动、死刑、谋杀、气球扰乱时，这就是他们的一些特点。这些都是大众的奇思妙想——这些无害的愚蠢行为无形中减轻了压在他们身上的忧虑和负担。智者会嘲笑他们，但绝不会毫不同情，他会说："如果他们愿意，就让他们享受他们的俚语和歌谣吧；如果他们不幸福，至少让他们快乐。"对于英国人，就像对贝朗热歌唱的法国人一样，在小小的一首歌中蕴含着诸多安慰，我们可能和他一样承认：

悲伤的人们啊
什么会让你快乐，
就是那风流韵事！
噢，噢，
就是那风流韵事！

➼ 南海泡沫

> 最后,腐败就像洪水一样
>
> 泛滥滔天;贪婪继续蔓延,
>
> 散开,像低贱的薄雾,遮住了太阳。
>
> 政治家和爱国者一起炒着股票,
>
> 贵妇和男仆共享交易所;
>
> 法官假公济私,主教横行霸道;
>
> 伟大的公爵们沆瀣一气,只为蝇头小利:
>
> 不列颠沦陷在了金钱的魔咒中。
>
> ——蒲柏

1711年,著名的牛津伯爵哈利始创了南海公司,旨在恢复辉格党内阁解散后不佳的政府信用,清偿近1000万英镑的陆海军债券及其他流动债务。当时，这只是一个由商人创建的公司，没有名字，不过却愿意承担这笔债务，而政府则同意在一定期限内付给他们6%的利息。为了支付每年60万英镑的利息，政府永久免收公司红酒、醋、印度货物、精工丝绸、烟草、鲸鳍和其他一些物品的关税。他们获得了南海地区的贸易垄断，而这个根据议会法案组建的公司就以"南海"闻名于世了。部长由于在这项事务中的贡献而为自己赢得了很高的声誉，他的那些马屁精总是将这项计划称为"牛津伯爵的杰作"。

公司成立早期，公司和公众就对南美洲东海岸的巨大财富产生了极美好的憧憬。每个人都听说过秘鲁和墨西哥的金矿和银矿；每个人都认为这些矿藏取之不尽，我们只需要把英国的产品运到这里，就能得到当地人百倍的金银回报。有一则消息广为流传：西班牙愿意让出智利和秘鲁海岸的四个港口用作贸易运输，这大大增强了人们对南海公司的信心，其股票许多年都颇受热捧。

但是，西班牙的费利佩五世并不想让英国人在西属美洲的港口进行自由贸易。两国之间还在商定协议，但所涉及的仅仅是黑奴买卖（assiento）合同，或称30年的殖民地黑奴供给特许经营权，每年可来一船次，并限制了与墨西哥、秘鲁和智利贸易的货物吨位和价值。第二种许可有着苛刻的条件，那就是西班牙国王应享有四分之一的利润，并征收其余部分5%的税。这让牛津伯爵和他的同僚大失所望，他们高兴的日子远没有想起这句话的次数多："**大山分娩，却生了只可笑的小老鼠。**"[1] 但公众对南海公司的信心并没有动摇。牛津伯爵宣布，除了每年一次的船只外，西班牙将在第一年允许另外两艘船舶运送货物；一份海岸港口清单也出炉了，高调地宣布这些港口都对大不列颠开放贸易。不过，每年一次的船运直到1717年才得以首航，第二年就因与西班牙的决裂而被取消了。

国王在1717年议会开幕式上的演说很有针对性，暗示政府信用状况令人担忧，并要求采取适当措施减少国家债务。两个金融巨头公司，南海公司和英

---

1. 语出古希腊的伊索寓言，拉丁语为 "*Parturiunt montes, nascetur ridiculus mus.*"，英语为 "The mountains have brought forth a mouse."。意思是 "雷声大，雨点小"。——译者［本书注释若无另注，均为译者注］

格兰银行随后就于5月20日向议会提出了建议。南海公司请求通过认购或其他方式，将他们持有的1000万英镑国债股本提升到1200万英镑，同时接受总额利息从6%降到5%。英格兰银行提出了同样有利的建议。议会经过讨论，最终出台了三项法案，分别为《南海法案》《银行法案》和《通用基金法案》。首先，南海公司的提议被采纳了，公司准备好了200万英镑的预付，用以偿还安妮女王在位第九年和第十年间国家四种奖券基金所欠的本息。在第二项法案中，英格兰银行接受降低国家所欠1 775 027英镑15先令的利息，同意放弃核销多达200万英镑的国库券，而政府按照5%年利支付10万英镑年金，一年内可偿还。此外，他们还被要求预备最多250万英镑的储备金以备不时之需，由议会按照5%的年利偿还。《通用基金法案》列举了一些缺陷，这些缺陷由上述资源来弥补。

  南海公司的名字由此不断地出现在人们面前。尽管它与南美国家的贸易几乎没有产出，也并未增加它的收益，但它作为一个金融机构却在不断发展壮大。它的股票很受欢迎，董事们也很受鼓舞，便开始想新的办法扩大自己的影响。约翰·劳曾经让法国人神魂颠倒的密西西比计划[1]给了他们灵感，他们认为在英格兰可以玩同样的把戏。约翰·劳计划的失败其实可以预见，但并未改变他们的想法。他们自以为很聪明，能够避免约翰·劳的失败将计划永远进行下去，同时还可以把信用的弦拉到极限却不会使之绷断。

劳的计划最炙手可热之时，成千上万的人涌向甘康普瓦大街，在狂热的激情中将自己毁灭，此时南海公司的董事们也向议会提交了他们著名的清偿国债计划。在欧洲两个最著名的国家，人们眼前漂浮的都是无限财富的幻象。英国人疯狂事业的开端要比法国人稍晚一些，但一陷入谵妄便注定有过之而无不及。1720年1月22日，下议院转组为一个全院委员会，讨论国王在议会开幕时关于国债的讲话，并审议南海公司关于偿还国债的方案。这个方案详细列了几项，其中包括公司愿意按照5%的年利承担总计30 981 712英镑的国债，直到1727年仲夏。自

---

1. 又称"密西西比泡沫"。18世纪早期苏格兰人约翰·劳为解决法国财政危机而大量印发纸币，最终导致法国严重的通货膨胀，其所创立的密西西比公司因此股价大跌，很多人血本无归，使得法国的金融体系彻底崩溃，多年之后仍难以复苏。

此之后，全部国债可按立法机关的意愿赎回，利息降为4%。方案广受认可，但英格兰银行在下议院有很多朋友，他们希望银行在这唾手可得的利益中也分一杯羹。他们代表银行提出，英格兰银行曾经在国家最困难的时候做出过卓越的贡献，如果这种性质的政府交易有利可图的话，比起那个从未为国家做出任何贡献的南海公司，英格兰银行更应拥有优先权。对这项事务的审议因而推迟了五天。同时，银行管理层制订了一项计划。南海公司担心银行会给予政府更加优惠的条件，因而重新审核并修改了自己的提案，希望更容易被接受。主要变更了一项条款，即政府可以在四年到期时赎回这些债务，而不是最初所提议的七年。在这场怪异的竞拍中，银行也不甘示弱，重新审核了他们的第一份提案并提交了新版本。

至此，每个公司都有了两份提案，议会开始仔细考量。罗伯特·沃波尔先生是银行的主要拥护者，而财政大臣艾斯拉比先生则完全站在南海公司一边。2月2日，议会最终认为后者对国家最有利，接受了南海公司的提案，并以议案的形式确定了这一结果。

交易所里热情高涨。公司股票前一天还只是130

英镑，渐渐涨到了300英镑，然后便以惊人的速度继续上升，整个过程中，该议案还在分几个阶段讨论。沃波尔先生几乎是议会中唯一敢于大声提出反对意见的政治家。他警告议员们灾难将至，语言严肃且富有说服力。他说，这会纵容"危险的股票交易，会把国家精英从贸易和行业中引走。它祭出了一个危险的诱饵，哄骗不够警觉的人用他们的劳动所得换取想象中的财富，让他们走向毁灭。这项计划根本就是罪大恶极；它刺激和维持一种普遍的狂热心理，承诺一种资金储备永远无法兑现的红利，以此来人为地提升股票价格"。他带着一种先知式的口吻说到，如果这项计划成功了，那些董事会转而掌控政府，成为王国里新的专制贵族阶层，并控制立法机关的决议。如果它失败了（沃波尔先生坚信这一点），就会引发民众普遍的不满并毁掉整个国家。一切都是幻想，以至于当厄运如期而至，人们如梦初醒时都会怀疑这是否是真的。他的话都白费。人们把他当作一个伪先知，或将他比作沙哑的乌鸦，呱呱叫的都是不祥的声音。不过，他的朋友都把他比作卡桑德拉，只有当厄运来到家里，和人们四目相对时，他们才会相信他预言的厄运。过去，议会对他的一言一语都非常重视,而现在,当他说到南海问题时都会置之不理。

下议院花了两个月审议该法案。在此期间,董事会和他们的朋友们,尤其是著名的董事会主席约翰·布朗特爵士,都在竭尽全力地抬高股票价格。各种最荒诞不经的谣言四处流传:英格兰和西班牙订立了条约,得到后者全部殖民地的自由贸易权;波托西-拉-巴兹(Potosi-la-Paz)富饶的矿藏会运送到英格兰,最后白银都将和铁一样充足。而墨西哥的原住民则会倾空他们的金矿来交换我们丰富的棉花和羊毛制品。这个在南海地区进行贸易的公司将是世界前所未有最富足的公司,它的股东每投资100英镑就会有每年成百上千的收益。通过这些方式,它的股票最终上升到近400英镑,但波动了一段时间后稳定在330英镑,直到下议院以172票对55票的优势通过该法案。

上议院以史无前例的速度匆匆通过了审议的各个阶段。4月4日第一次宣读,5日第二次,6日审议,7日第三次宣读并通过。

几位议员强烈反对这一计划,但其他人对他们的警告充耳不闻,投机的狂热迷惑了议员和平民。

诺斯勋爵与格雷说，从本质上讲，这个法案是不公平的，甚至可能会带来致命的后果，少数人以此可以致富，而多数人却会陷入贫困。沃顿公爵也随声附和，不过他只是把沃波尔在下议院的真知灼见复述了一遍，因而受到的关注都不及诺斯勋爵和格雷。柯珀伯爵持同样态度，他将这则法案比作著名的特洛伊木马。和当时一样，人们欢呼雀跃地迎接并接纳了这匹木马，收获的却是背叛和毁灭。桑德兰伯爵竭力回应所有的反对意见，而当质疑提出之时，只有17位议员反对，却有83位议员支持。上议院通过该法案的当天就得到了王室的同意，它成了这片土地上的法律。

全民几乎同一时间都变成了股民。股票交易所每天都人满为患，康希尔街被数不清的马车堵得水泄不通。每个人都来买股票。"每个傻瓜都渴望变成无赖。"当时大街小巷流传着这样一首歌谣：

> 明星和嘉德勋章拥有者，
> 混迹在卑贱的乌合之众中；
> 又买又卖，又看又听
> 犹太人和外邦人争吵。

最高贵的贵妇们都来了，
天天乘车往返。
典当珠宝，只为换钱
到这巷子里冒险。

各个阶层的人都在病态的发财梦中饱受折磨，甚至在南海公司内部也同样如此。一系列不切实际的计划出炉了。股市行情表很快就被填满了，交易量也很大，股票市场价格当然也在各种操作下被哄抬得虚高。

与所有人的预期相反，南海公司股票在法案得到王室认可时就跌了。4月7日报价是310英镑，第二天就跌到290英镑。董事们已经尝到了他们项目带来的甜头，不可能坐视股票跌到正常水平而无动于衷。他们很快就采取了行动。每个希望计划成功的人都在努力拉拢听众，详细描述南美洲海域的宝藏。交易所挤满了专心倾听的人群。一个传闻，只要以极富信心的方式讲出来，立刻就能对股票产生立竿见影的效果。据说斯坦霍普伯爵已经在法国收到了西班牙政府的提议，将以直布罗陀和马翁港交换秘鲁海岸的一些地方，从而保障和扩大南海地区的贸易。

南海公司不再一年只能派一艘船到这些港口，也不再被西班牙国王抽取25%的利润，而是可以随心所欲地建造和租用船只，无须向任何外国君主交付任何比例的收益。"他们幻想着金币在眼前飞舞"，股市一路飙升。4月12日，法案变成法律后的第五天，董事们打开账簿，以300%的比率出售100万股，售价300英镑，面值却仅有100英镑。社会所有阶层的人蜂拥而至，以至于第一次认购就售出了200多万原始股。人们购买这100英镑的原始股可分五次付款，每次60英镑。几天后，股票上涨到340英镑，同时认购的股票可以首次付款价格的两倍售出。为进一步抬高股价，4月21日，董事常务理事会宣布，仲夏的红利应达到10%，所有认购者都有权享有。这些措施达到了预期目的，董事们为了提升有钱人的购买欲望，又打开他们的账簿以400%的比率再次发行100万股。社会各个阶层的人都疯狂地渴望在这笔钱中投机，乃至几个小时就按此价格售出了150多万股。

与此同时，各地出现了无数股份公司。这些公司旋即获得了"泡沫"之名，一个人们所能想到的最为贴切的名称。公众往往都十分钟情于他们所起的绰号。"泡沫"一词的确恰如其分。有些公司仅存活一两个星期，然后就杳无音信，还有一些甚至都活不了这么久。每天晚上都有新的计划，每个清晨都会出台新的项目。在对利益的狂热追求中，最高级别的贵族与康希尔街最单调乏味的股票经纪人一样迫切。威尔士亲王变成了一个公司董事，据说已经通过投机赚了4万英镑。布里奇沃特公爵启动了一项改善伦敦和威斯敏斯特的计划，尚多斯公爵也有一个项目。当时有将近一百个不同的计划，一个比一个夸张，一个比一个更有欺骗性。用《政治国家》里的话来说，这些计划由"狡猾的无赖创办并推动，后面跟随着众多贪婪的傻瓜，最终看起来实际只成就了它们那个粗俗的称谓——泡沫和欺骗"。据估算，这些不正当的操作导致了大约150万英镑的盈亏，一群傻瓜赔得一贫如洗，一群流氓赚得腰缠万贯。

其中有一些计划还是可行的，而且，如果它们是在公众头脑清醒时实施的话，或许对相关各方都有利。但当时它们却只是着眼于增发市场上的股票。项目发起人抓住第一波涨势就把股票销售一空，第二天清晨项目就终止。梅特兰在他的《伦敦史》中严肃地告诉我们，一个受到极力怂恿的项目就是为了成立一家"经营木屑制作木板"的公司。这无疑是个玩笑。但有大量证据表明,许多项目丝毫没有半点合乎情理,它们昙花一现般地出现,又在倒下之前毁了好几百人。其中一个是制作永动机的轮子——资本100万英镑;另一个是"改良英格兰的马匹品种,改善教会和教堂用地,修缮并重建牧师住所和房屋"。为什么主要对后者感兴趣的神职人员还会对前者青睐有加呢,其原因仅仅是基于这样一种假设:项目的发起者是一群爱好猎狐的牧师,这在当时的英格兰很常见。这家公司的股票很快就被抢购一空。不过,其中最荒谬、最可笑、最能彻底暴露人们极度疯狂的,当属一个由无名冒险者开创的项目,名为"一家从事暴利行业的公司,但没人知道那是什么"。如果不是有许多可靠证人的描述,很难相信有人竟然会被这样的项目哄骗。那位胆大妄为的天才成功骗取了公众的信任,他只是在招股书中宣称需要50万英镑的融资,共5000份,每股100英镑,需交2英镑的保证金。每位支付保证金的订购者每年每股会获得100英镑的利润。至于如何获得如此巨大的收益,他并未屈尊告诉大家,但承诺会在一个月内正式公布全部细节,并通知补交未支付的

98英镑。第二天早上9点,这位伟人在康希尔街开设了一间办公室。一大群人围在那里,下午3点关门的时候,他发现至少有1000股被认购且支付了保证金。由此,他在5个小时内就成了2000英镑的得主。这个人很聪明,对自己的冒险也很满意,当天晚上就乘船去了欧洲大陆,从此杳无音信。

斯威夫特将交易所比作南海中的一个海湾,高呼道:

> 成千上万的认购者漂浮在此,
> 一个接一个地往下挤,
> 每个人都在他漏水的船上划桨,
> 他们在这里钓金子,然后被淹死。

> 他们时而淹到水底,
> 时而又冲上云霄。
> 他们跟跟跄跄,摇摇晃晃
> 像醉酒的人一样智穷力竭。

> 与此同时,在加拉威的悬崖上,安然
> 躺着一个野蛮的种族,靠沉船为生,

等待沉没的小船，

掠夺死者的尸体。

另一个非常成功的骗局是所谓的"全球许可证"（Globe Permits）。它们不过是几张方形的纸牌，上面有一个蜡印，刻的是交易所附近"全球酒馆"（Globe Tavern）的符号以及"帆布许可"（Sail-Cloth Permits）的文字。拥有者的权益仅仅是可以在未来某个时间向一家新的帆布制造厂订购货物，这家帆布制造厂的创办者当时据说是一个有钱人，但不久后便卷入南海董事贪污和被罚案件。就是这些许可证，在交易所居然可卖到60基尼[1]。

人们被深深地卷入这些泡沫里，无论贵贱，不分男女。男士们跑到酒馆和咖啡馆见他们的股票经纪人，女士们也为了同样的目的走进各种女帽店和男装店。但这并不是说所有人都相信他们所认购项目的可行性，只要能通过投机把他们的股票快速抬到一个高价，然后立即就甩给那些容易受骗的人，他们的目的就达到了。交易所里的人们一片混乱，

---

1. 基尼，英国于1663年至1813年所发行的货币，是英国首款以机器铸造的金币。

同一个泡沫的股票在交易所一端的售价要比另一端高出10%。理智之人悲悯而惊恐地看着这些人非同寻常的迷恋。议会内外都有人清楚地预言过即将到来的灾难。沃波尔先生的不祥预感从未消失。他的担忧只能为少数有思想的人理解，不过却给政府留下了深刻的印象。6月11日，议会休会的日子，国王发布了一份公告，宣布所有不合法的项目都严重损害了公众的利益，因而对其提起公诉，同时禁止所有经纪人从这些公司购买或出售股票，违者罚款500英镑。尽管有了这份公告，那些无耻的投机者却依然我行我素，受骗的人们也依旧在推波助澜。7月12日，上议院大法官们在枢密院集合发布了一条命令，驳回所有专利和特许状的申请，解散所有的泡沫公司。以下便是法官令的副本，里面囊括了所有不法项目的名单，今天看来也并非毫无生趣，因为每隔一段时间，公众都会很容易就陷入同样的骗局中：

1720年7月12日，白厅会议厅，
　与会的诸位上议院大法官阁下提出。

诸位上议院大法官阁下发现一些项目给公众带来了诸多不便，这些项目基于各种目的进行股份集资，蛊惑陛下的许多臣民参与其中，以保证专利和项目实施特许权申请将得到批准为借口骗取钱财，对此，为防止此类情况发生，阁下们今天将上述所涉申请，连同贸易委员会、国王陛下律师和副检察长的相关批复报告反馈给他们；经过深思熟虑，并有幸得到国王陛下枢密院的建议，决定拒绝上述申请，具体如下：

1. 若干人的申请，恳请获得以"大不列颠大渔场"为名进行渔业贸易的专利证书。

2. "英格兰皇家渔业公司"的申请，恳请获取更大权力从而有效地开展上述渔业工作的专利证书。

3. 乔治·詹姆斯代表他本人及若干国家渔业相关人员的申请，恳请获得公司专利证书，从而可以让他们从事相关工作。

4. 若干署名商人和其他人的申请，恳请成立公司恢复并开展格陵兰岛及其他地区的捕鲸业。

5. 约翰·兰伯特爵士及其他署名之人代表他们本人及诸多商人的申请，恳请成立公司开展格陵兰岛贸易，特别是在戴维斯海峡捕鲸。

6. 另一份格陵兰岛贸易的申请。

7. 若干商人、绅士和市民的申请，恳请成立公司购买和建造船只用于出租或运输。

8. 萨缪尔·安特里姆和其他人的申请，恳请获得种植大麻和亚麻的专利证书。

9. 若干商人、船主、制帆匠人和帆布制造商的申请，恳请获得一份公司许可证，从而以股份公司的形式继续从事和发展上述制造业。

10. 托马斯·博伊德和几百个商人、船主、制帆匠人、织工和其他商人的申请，恳请获得一份公司许可证，授予他们筹资购买生产帆布和优质粗麻布料的土地的权利。

11. 代表若干对已故威廉国王和玛丽女王授予制作亚麻布和帆布专利感兴趣之人的申请，恳请不再授予任何人制作帆布的许可，确认这一特权仅为他们所有，并授予他们另外一项生产棉和棉丝织品的权利。

12. 若干伦敦市民、商人和其他某种不列颠财产险股票（防范英格兰各地火灾）的订购者，恳请成立公司从事相关事业。

13. 伦敦和大不列颠其他地方的国王陛下若干忠诚臣民的申请，恳请成立公司从事英格兰王国境内的火灾财产险。

14. 托马斯·祖尔格斯和其他几位国王陛下署名臣民的请愿书，代表他们自己以及其他一些订购120万英镑国王陛下德国领地贸易基金的人，恳请以哈尔堡公司为名成立公司。

15. 木材商人爱德华·琼斯代表自己和其他人的申请，恳请成立公司从德国进口木材。

16. 伦敦若干商人的申请，恳请获得盐业的公司特许权。

17. 兼做商人的伦敦麦克菲德里斯上尉代表自己和若干商人、制衣商、制帽商、染布商和其他商人，恳请获得公司特许权筹措足够的资金购买土地，种植和培育一种叫作茜草的木材供染布商使用。

18. 伦敦鼻烟壶制造商约瑟夫·加伦多的申请，恳请为自己在弗吉尼亚用弗吉尼亚烟草制备鼻烟的发明申请专利，并将此发明推广到国王陛下的所有领地。

泡沫公司清单

法令中也列出了如下泡沫公司,宣布其违法并予以取缔:

1. 瑞典钢铁进口公司。

2. 为伦敦提供煤粉的公司。资金:300万英镑。

3. 为全英格兰建造和重建房屋的公司。资金:300万英镑。

4. 薄棉制造公司。

5. 经营和改进不列颠铝制品公司。

6. 开发布兰科岛和萨尔·塔尔格图岛定居点的公司。

7. 迪尔镇淡水供给公司。

8. 弗兰德斯蕾丝进口公司。

9. 大不列颠土地改良公司。资金:400万英镑。

10. 改良英格兰马匹品种,改善教会和教堂用地,修缮并重建牧师住所和房屋的公司。

11. 大不列颠钢铁制造公司。

12. 弗林特郡土地改良公司。资金:100万英镑。

13. 购买土地建造房屋的公司。资金:200万英镑。

14. 头发交易公司。

15. 霍利岛盐业公司。资金：200万英镑。

16. 房产买卖及抵押贷款公司。

17. 从事暴利行业的公司，但没人知道那是什么。

18. 伦敦道路铺设公司。资金：200万英镑。

19. 大不列颠葬礼服务公司。

20. 土地买卖及有息贷款公司。资金：500万英镑。

21. 大不列颠皇家渔业公司。资金：1000万英镑。

22. 海员工资保证公司。

23. 设立贷款办事处协助和鼓励勤勉者的公司。资金：200万英镑。

24. 购买和改善可出租土地的公司。资金：400万英镑。

25. 从不列颠北部和美洲进口沥青、焦油及其他海军用品的公司。

26. 服装、毛毡及波形瓦贸易公司。

27. 购买和改善埃塞克斯的庄园和采矿权的公司。

28. 马匹保险公司。资金：200万英镑。

29. 羊毛制品生产出口，铜、黄铜和铁进口公司。资金：400万英镑。

30. 大型药房公司。资金：300万英镑。

31. 工厂建造和铅矿购买的公司。资金：200万英镑。

32. 肥皂制作工艺改良公司。

33. 圣克鲁兹定居点开发公司。

34. 德比郡矿井挖掘及铅矿冶炼公司。

35. 玻璃瓶及其他玻璃制品制作公司。

36. 研制永动机轮子的公司。资金：100万英镑。

37. 花园改善公司。

38. 保障和增加孩子们福祉的公司。

39. 在海关运进、装载货物，以及为商人协商贸易的公司。

40. 在英格兰北部生产羊毛制品的公司。资金：200万英镑。

41. 从弗吉尼亚进口核桃树的公司。资金：200万英镑。

42. 制作曼彻斯特特色的丝线和棉纱的公司。

43. 制作约帕和卡斯提尔肥皂的公司。

44. 改善王国的熟铁和钢铁制造业的公司。资金：400万英镑。

45. 经营蕾丝、粗麻布料、麻纱、细麻等的公司。资金：200万英镑。

46. 交易和改进王国生产的某些商品等的公司。资金：300万英镑。

47. 向伦敦市场供应牲畜的公司。

48. 制作穿衣镜、马车用镜等的公司。资金：200万英镑。

49. 在康沃尔和德比郡开采锡和铅矿的公司。

50. 菜籽油制作公司。

51. 海狸毛皮进口公司。资金：200万英镑。

52. 纸板和包装纸制作公司。

53. 进口羊毛制品生产所需油和其他材料的公司。

54. 改善和提升丝绸制造的公司。

55. 以股票、年金、记账单等为担保放贷的公司。

56. 以小额折扣向寡妇和其他人发放津贴的公司。资金：200万英镑。

57. 改良麦芽酒的公司。资金：400万英镑。

58. 建立大规模美洲渔业的公司。

59. 购买并改良林肯郡的沼泽地的公司。资金：

200万。

60. 改良大不列颠造纸工业的公司。

61. 船舶抵押借款公司。

62. 用热风烘干麦芽的公司。

63. 在奥鲁诺克河开展贸易的公司。

64. 在科尔切斯特和大不列颠的其他地方更有效地制作粗呢的公司。

65. 购买海军用品,提供粮食并为工人支付工资的公司。

66. 雇用贫穷的工匠,为商人和其他人提供手表的公司。

67. 改进耕作方法和牛的品种的公司。

68. 另一个改良马匹品种的公司。

69. 另一个涉及马匹保险的公司。

70. 在大不列颠进行谷物贸易的公司。

71. 为所有可能因仆人遭受损失的男女主人提供保险的公司。资金:300万英镑。

72. 为接纳和抚养非法私生子建造房屋或医院的公司。资金:200万英镑。

73. 无火、无损耗粗糖漂白的公司。

74. 在大不列颠修建收费公路和码头的公司。

75. 针对盗窃和抢劫的保险公司。

76. 从铅中提取银的公司。

77. 制作瓷器和代尔夫特瓷器的公司。资金：100万英镑。

78. 进口烟草，然后再出口到瑞典和欧洲北部的公司。资金：400万英镑。

79. 用烟煤炼铁的公司。

80. 为伦敦和威斯敏斯特提供干草和稻草的公司。资金：300万英镑。

81. 在爱尔兰制造船帆和包装布的公司。

82. 压舱物生产公司。

83. 购买并装备船只以镇压海盗的公司。

84. 从威尔士进口木材的公司。资金：200万英镑。

85. 岩盐制作公司。

86. 将水银转化为可塑精炼金属的公司。

这个名单之外，每天还有其他一些泡沫公司顶着政府的谴责和理智尚存的公众的嘲弄冒出来。印刷厂里堆满了针对这种四处弥漫的蠢事的讽刺画，报纸上也全是相关的警句和反讽。一位天才般的扑克牌制造商发行了一套南海公司扑克牌，现在已非常罕见，其中的每张牌除了通用的数字外，另在角落里放了一张小尺寸的泡沫公司讽刺画，下面还配了相应的诗句。"帕克尔机械公司"是当时最著名的泡沫公司之一，号称能够发射圆形和方形的炮弹和子弹，可造就一场彻底的战争艺术革命。因而，黑桃8上就总结了它迎合公众趣味的虚伪造作：

> 一项罕见的发明，摧毁了
> 国内的傻瓜，而非国外的傻瓜。
> 朋友们，不要怕，这台可怕的机器，
> 受伤的只会是持股人。

红桃9是英国铜业公司的讽刺画，配有如下的警句：

> 头脑简单的傻瓜
> 用金银兑换英国的铜，
> 在交易所，证明自己是个笨蛋，
> 用贵金属换伪劣的黄铜。

方块8用下面这首打油诗讽刺阿卡迪亚的殖民公司：

> 他很富有，
>
> 想在北美大肆挥霍，
>
> 让他贸然订购只股票吧，
>
> 驴耳朵就是他的荣耀。

每张牌都以类似的方式揭露那些狡诈的诡计，嘲笑那些上当受骗的人。据计算，实施这些项目总计要超过3亿英镑。

不过，我们该回到之前的话题，继续谈谈那个吞噬了成千上万财迷和轻信者财富的南海大海湾。5月29日，股价上涨到了500英镑，大约三分之二领政府年金的人将国家的债券换成了南海公司的证券。整个5月，股价都在持续上涨，28日已经达到了550英镑。四天后，股价突然惊人地又从550英镑飞升到了890英镑。现在大家普遍认为股价不会再上涨了，许多人借此机会抛售，兑现了自己的收益。当时一些正要陪着国王去汉诺威的贵族和他们的随从也都急着要出手。6月3日，交易所涌进了大批卖家，却鲜有买家，股价瞬间就从890英镑跌落到了640英镑。董事们震惊了，便命令他们的代理人去购买股票。他们的努力没有白费。到了傍晚，信心恢复，股价又上升到750英镑。这个价格维持住了,中间仅有小幅波动,直到6月22日公司休市。

我们没有必要也毫无兴趣去详述董事们提升股价的各种诡计。只要记住这一点就足够了:8月初,股价最终上涨了1000%。泡沫膨胀到了极限,开始了破碎前的颤抖和震荡。

许多领取政府年金的人表达了对董事们的不满,指责他们每次列出订购股票清单时有失公平。当人们得知主席约翰·布朗特爵士和其他一些人已经抛售股票时,更大的不安发生了。整个8月份股价都在下跌,9月2日的报价仅有700英镑。

情况已经变得令人担忧。为了防止公众对他们的计划彻底丧失信心,董事们9月8日在麦钱特·泰勒大厅召开了全公司参加的股东大会。到早上9点,房间里已人满为患;齐普赛街上也挤满了无法进入房间的人,大家群情激昂。董事们和他们的朋友都聚集在那里。副董事长约翰·费洛斯爵士来到主席台。他向公众解释了这次会议的原因;宣读了董事会的几项决议,报告了他们的计划;通报了收到的可赎回和不可赎回的资金以及现金预付的情况。克拉格斯部长先生随后做了一个简短的演讲,其中赞扬了董事们的做法，并强调内部团结才是完善项目的最有效的方式。最后，他提议向董事会表达谢意，感谢他们谨慎和娴熟的管理，并希望他们以此种最符合公司利益的方式继续下去。亨格福德先生曾因热心地为南海公司奔走而在下议院出尽了风头，后来又被怀疑由于知道出手的恰当时机而大发横财，所以在今天这个场合，他非常能吹嘘。他说他见证过世界各种组织的兴衰沉浮，但在他看来，没有一个像南海公司一样，能在那么短的时间内做出如此精彩的事情。他们的所作所为已经超越了国王、牧师和法官的成就。他们让各方为着共同的利益联合在了一起，他们平息了（尽管并未完全消灭）所有的国内冲突和国民仇恨。随着股票的上涨，有钱人的财富大大增加，乡绅们已经看到土地的价值在他们手上翻了两三倍。他们同时也让教会受益匪浅，不少牧师大人在项目中大赚特赚。总之，他们让整个国家都富裕了起来，同时他也希望他们不要忘记自己。这番话的后半部分引来一阵嘘声，因为它那过度夸张的颂词都近乎讽刺了，但董事们和他们的朋友，以及在场的所有赢家都热烈地鼓掌欢呼。波特兰公爵也是同样的腔调，并表示完全不懂为何会有人表示不满。当然,他在这场投机中是位赢家,这个情形就像是乔·米勒《笑话集》中的胖市政官一样,他每次酒足饭饱后,都会摸着肚子猜想这世上是否还有饥民。

这次会议通过了几项决议,但对公众毫无作用。当天傍晚,股价跌至640英镑,第二天540英镑。股价就这样一天天跌下去,直到400英镑。下院议员布罗德里克9月13日写给大法官米德尔顿的一封信(收录于考克斯的《沃波尔》一书)中说道:"南海公司董事们很早就蒙上了破产的乌云,个中原因人们众说纷纭。我可以肯定的是,当他们发现这样有利可图时,他们就会这么做。他们过度透支了远远超出其承受能力的信誉,而储备金却完全不足以支撑。他们的核心人物都退出了,牺牲了愚昧无知之人来保障自己的安全,而这些受害者被贪婪占据了头脑,还妄想一本万利。成千上万的家庭将沦为乞丐。这种恐慌是无法形容的——难以名状的愤怒,万念俱灰的绝望,我看不到任何想要扭转这一局势的打算或计划,所以我无法假装去猜后面会发生什么。"十天过后,股价还在跌,他写道:"公司尚未下定决心,因为在这样的森林里,他们不知道该走哪条路。最近有几个绅士来到城里，通过他们我得知南海公司的人在所有地方都臭名昭著了。很多金匠都逃跑了，后面每天还会有更多。我怀疑三分之一，不，四分之一的人能站得住。从一开始，我对整个事件的判断就建立在一个不容置疑的准则上，即1000万英镑（这比我们流通的现金还多）难以驱动2英镑亿的资本规模，这已经超过了我们票据信用的承受能力。因此，无论何时，只要这一点变得不确定，无论原因如何，我们高贵的国家机器必然会摔得粉身碎骨。"

9月12日，在克拉格斯部长先生的诚挚邀请下，南海公司董事和英格兰银行董事举行了几次会议。据说，英格兰银行已经答应购买南海公司600万英镑的股票，股价由此上涨到670英镑；但到了下午，当人们知晓这是一则毫无根据的传言后，股价再次跌到580英镑；第二天570英镑，然后渐渐掉到400英镑。[1]

---

[1] 在那个可怕的年代，诗人盖伊〔即约翰·盖伊（John Gay, 1685—1732年）——译者〕从小克拉格斯那里收到了一些南海公司股票作为礼物，曾一度让他以为自己拥有了2万英镑的财产。他的朋友都劝他卖掉，而他却幻想荣华富贵，不想失去财路。后来又有人苦劝他卖掉一部分，至少余生每年有100英镑可支配。芬顿说："这可以让你每天都能穿上干净的衣服和吃上一块羊肩肉。"这个建议也被拒绝了。结果盖伊血本无归，盖伊在这场灾难中一蹶不振，以致生命垂危。（约翰逊：《诗人的生活》）——原注

政府对事态感到极为震惊。董事们都不再出现在街头,以免受到羞辱,时刻都有爆发动乱的危险。一封封急件送到了汉诺威的国王那里,恳请他马上回来。当时正在乡间别墅度假的沃波尔先生也收到了求助信,希望他可以动用在英格兰银行董事那里的影响力,劝说他们接受南海公司的提议购买一部分股票。

英格兰银行不想蹚南海公司的浑水,害怕无法全身而退,明确表示不愿接受所有的提议。但全国一致呼吁它出手相助。所有政商界的著名人士都被邀请来商议如何应对当下的紧急情况。最终,沃波尔先生草拟的合同被当作进一步谈判的基础,公众的恐慌情绪也有所缓和。

第二天,9月20日,南海公司在麦钱特·泰勒大厅召开股东大会并宣读了几项决议,授权董事会就购买公司股票的事项与英格兰银行或其他任何人达成协议,抑或与银行签订任何他们认为合适的协议。一位名为普尔特尼的先生说,最令人震惊的是,民众已被一种异乎寻常的恐慌所笼罩。人们在焦虑和恐惧中跑来跑去,充满了对某种巨大灾难的想象,而其形式和规模却无人知晓:

漆黑如深夜，

凶猛如暴怒——可怕如地狱。

两天后，在英格兰银行股东大会上，董事长告诉股东们已经就南海公司的事务召开了多次会议，董事们尚未想好对此事做何种决定。随后，会上全场通过了一项决议，授权董事们接受购买南海公司股票的协议，具体的数额、条款和时间由董事们决定。

由此，双方都可以自由地按照他们认为对公众最有利的方式行事。为重振公共信用，银行以15%的预付款、3%的溢价、5%的利息认购300万英镑的股票。大清早，一群人就急切地带着钱来了，原以为当天股票会被抢购一空，但不到中午，形势就反转了。尽管为拯救南海公司做了各种努力，但它的股价还是一泻千里。南海公司股票已毫无信誉可言，一些最显赫的金匠和银行家开始跑路，他们出借的大笔款项都购买了南海股票，不得不关门避债。剑刃公司[1]一直是南海公司的大股东，现在也停止了兑

---

1. 即剑刃银行，历史上曾一度是英格兰银行业的魁首，但受南海泡沫拖累而破产，彻底败给了英格兰银行。

付。然而，这却导致了灾难的爆发，英格兰银行出现挤兑潮，被迫兑付的款项远远大于早上认购收到的款项。第二天是节假日（9月29日），银行有了一丝喘息之机。他们勇敢面对风暴；但他们之前的对手，南海公司，却触礁了。股价跌至150英镑，在几番波动后渐渐掉到135英镑。

英格兰银行发现他们无法恢复公众信心，阻止破产的浪潮，同时也不愿冒着被意欲救助对象拖下水的风险，于是停止了他们部分执行的协议。他们没有任何继续下去的义务；所谓的银行合同只是一份粗略的协议草案，其中有几个重要的细节还是空白，且对背弃协议也未做出任何惩罚规定。"因此，"用议会史中的话说，"八个月的时间里，人们目睹了那个庞然大物的崛起、壮大和衰败，它被上紧了的弹簧带到了令人目眩的高度，吸引了整个欧洲的目光和期待，但它的根基却是欺诈、幻觉、轻信和迷恋，董事们的阴谋诡计一旦暴露，它便垮掉了。"

在它的鼎盛时期，在这种危险妄想的蔓延中，整个国家的礼义廉耻荡然无存。议会开始调查寻找罪犯，揭露恶行的真相，但不论是对犯罪者应有的道德，还是对他们周围人的智商而言，这都是种耻辱。调查所有这些恶行的原因,会是一项很有趣的研究。和个人一样,国家成了孤注一掷的赌徒,也必会受到惩罚。不过是时间早晚的问题。那位著名的作家斯摩莱特[1]错了,他说:"这是一个历史学家毫无兴趣的时代,任何有感情和想象力的读者都不会对诸如此类的交易细节感兴趣,这里没有温度,没有色彩,也没有装饰,其中的细节仅仅呈现了一幅了无生趣的画面,描绘着毫无品味的邪恶和卑鄙无耻的堕落。"恰恰相反——如果斯摩莱特有兴致的话应该会发现——这个主题所能激发的人们的兴趣,甚至连小说家都羡慕不已。难道被掠夺的人们的绝望中没有温暖吗?几百个穷困潦倒家庭的痛苦画面中没有生机和活力吗?还有那些一夜之间倾家荡产的富人、那些曾经位高权重如今却四处颠沛流离的人、这片土地上到处响起的自责和祈求的声音,他们的痛苦画面也都毫无生趣吗?所有人突然丧失了理智,向着一个美丽的幻象狂奔,固执地否认它的虚假,就像一头追逐鬼火(*ignis fatuus*)的迷途母

---

[1] 托比亚斯·斯摩莱特(Tobias Smollett,1721—1771年),18世纪英国著名小说家,出身于贵族家庭,主要著作有《蓝登传》《皮克尔传》《菲迪南伯爵传》等。

鹿,直到陷入困境不可自拔,这难道是一幅枯燥无聊、毫无教益的画面吗?但历史就是在这种错误的精神中写就的。历史学家那流畅的文笔和迷人的想象,都用在了一遍遍记述和谈论无耻朝臣们赢得更无耻国王欢心的阴险伎俩,以及那血腥残酷的战斗和战场,而对人们的道德和福祉影响最深的情形却被忽略了,鲜有关注,因为它们枯燥无聊,既不温暖,也不多彩。

在这场著名的泡沫中,英格兰呈现出一种异乎寻常的情景。公众的心智处于一种不健康的骚动中。人们不再满足于通过谨小慎微的辛勤劳作获得缓慢却稳定的收益。对未来无限财富的渴望让他们当下变得轻率而放纵。在这种前所未闻的奢侈之后,随之而来的是一种道德的沦丧。因赌博而一夜暴富的人无知且傲慢,他们让那些心灵高尚、举止优雅的人感到脸红,因为金钱居然有那么大的能量,可以抬高无耻之人的社会地位。这些人被理查德·斯蒂尔爵士称为"精于算计的市民",他们的傲慢在其遭遇逆境时成了被人针对的不利因素。在议会的审查中,许多董事受到的惩罚更多是因其傲慢,而非投机。其中的一个董事无知又骄傲自满,他曾说要用金子喂马，后来却沦落到仅能靠面包和水度日。每一束傲慢的眼光，每一句骄横的言辞都被记录在案，回报他们的是百倍的贫穷和羞辱。

全国上下的局势十分危急，乔治一世不得不缩短了在汉诺威逗留的时间，急匆匆地回到英格兰。他11月11日到达，议会于12月8日召开会议。与此同时，帝国各个主要的城镇都出现了公众集会并提交了请愿书，恳请立法机关惩罚南海公司的董事，因为其欺诈行径把国家推向了毁灭的边缘。似乎没人认为国家本身和南海公司一样有罪。没人指责人们的轻信和贪婪——堕落的贪欲吞噬了国民性格中所有的高尚品质，痴心妄想让众人疯狂而急切地一头扎进诡计多端的谋划者为他们准备好的罗网。这些从未被提及过。这里的人民淳朴、诚实、勤劳，他们被一群强盗毁了，所以这群强盗就应被无情地吊起、剖腹并肢解。

全国人民几乎都是这种感觉。议会两院也没有多少理智。在对南海公司董事定罪之前，人们唯一的呼声就是惩罚。国王坐在王座上发表演说，希望他们记住，要想找到并真正挽救他们的不幸，必须要付诸全部的谨慎、沉着和决心。在回应国王讲话的辩论中，几位发言人完全只是在破口大骂南海项目的董事。莫尔斯沃思勋爵尤为激烈。"有人说，南海公司的董事作为国内种种不幸确凿无疑的始作俑者，竟然没有哪部法律能惩罚他们。在他看来，这种情况下他们应该效仿古罗马人，他们没有针对弑亲的法律，因为他们的立法者认为没有哪个儿子会犯下违背自然的恶行，双手沾上父亲的鲜血，但只要有人触犯，他们立刻就会制定法律惩罚这一令人发指的罪行。他们会将罪犯放在麻袋里，扎紧口袋扔进台伯河。他们把那些阴险的南海阴谋策划者和执行者看作是杀害他们国家的弑亲者，就应当把他们也同样捆在麻袋里，扔进泰晤士河。"其他人的发言也都不够冷静、缺乏考虑。沃波尔先生则温和得多。他建议首要任务应是重振公共信用。"如果伦敦城着火了，聪明的人都会帮忙救火，防止火灾蔓延，然后才会追查纵火犯。公共信用已经遍体鳞伤，鲜血直流，他们应当尽快补救。过后有足够的时间惩罚凶手。"12月9日，为响应国王的演说，一份声明经修改后达成了一致意见，其中补充了一些文字，表明下议院不仅要挽救国家于危难，同时还要惩罚始作俑者。

调查进展迅速。下议院勒令董事们详细交代他们进程的全部细节。通过的决议大意是,这场灾难主要是因股票投机商的卑鄙手段而起,制定法律来防止这种臭名昭著的行为最有助于重建公共信用。沃波尔先生随即站起身来说道:"就像他之前说的那样,他曾花了很长时间研究恢复公共信用的计划,但计划的实施建立在一个基本立场之上,所以在他提出他的计划之前,最好先问问他是否可以仰赖这个基础。他的问题是,与南海公司签订的政府债务、产权负担、货币认购和其他合同是否都应维持现状?"这个问题引起了激烈的辩论。最终,投票以259票对117票的多数通过,所有合同都应继续执行,除非为了解救持股者由南海公司股东大会加以更改,或通过法律程序予以撤销。第二天,沃波尔先生向议会委员会提出了重振公共信用的计划,这一计划实际就是在一定条件下将南海公司900万的股票转给英格兰银行,同时东印度公司也要承担同样数额的股票。这一计划受到了议会的认可。在遭到几次反对之后,议会命令这两家大公司提交建议书。两家公司并不愿出手相助,在为审议这一计划而召开的普通法庭上,该计划遭到了激烈的反对,但是没有结果。他们最终还是同意了购买南海公司股票的要求，报告呈送给委员会后，一项法案就在沃波尔先生的监督下提交，并在议会两院安全通过。

与此同时，另一项方案也通过了，南海公司的董事、主管、副主管、会计、出纳以及职员十二个月内禁止出境，同时也调查了他们的不动产和财务，防止他们转移或转让。议会所有最具影响力的议员都支持该法案。希彭先生相信了克拉格斯部长先生在南海事件中所作所为的谣言，于是看到他坐在那儿时决定要戳一下他的痛处。他说，他很高兴看到下议院恢复了它原初的活力和精神，并为公众利益采取了如此一致的行动。对南海公司董事和官员们的财产和人身加以控制是很有必要的。"但是，"他盯着克拉格斯先生补充道，"还有一些身居高位的人，他迟早会毫不畏惧地说出他们的名字，他们和那些董事一样有罪。"克拉格斯先生大为震怒，说到，如果这番含沙射影是针对他的，那他随时准备让任何质疑他的人满意，无论是在议院内还是在议院外。四面八方立即响起了大声要求注意秩序的喊声。在喧嚣中，莫尔斯沃思勋爵站了起来，对克拉格斯先生竟敢向整个下议院提出挑战表示惊讶。他，莫尔斯沃思勋爵，虽然已年过六十，有些老了，但不管克拉格斯先生在下议院说什么，他都愿意做出回应，而他也坚信有很多年轻人都站在他这边，绝不畏惧在议院外与克拉格斯先生对峙。注意秩序的喊声又在四面八方响起，议员们齐刷刷站了起来，每个人似乎都在大叫。注意秩序的声音徒劳地喊着。混乱持续了几分钟，其间莫尔斯沃思勋爵和克拉格斯先生几乎是仅有的没有离开座位的议员。最后，针对克拉格斯先生的呼声变得异常激烈，以至于他认为应当顺从议会的普遍意见，并解释他违反议会法则的言论。他说，他要让下议院质疑他行为的人满意，并不是要去打架，而是要解释自己的行为。事情就这样结束了，下议院开始讨论应该以何种方式对南海公司的事务进行调查，商讨是由一个大委员会还是一个特别委员会来执行。最后，一个由十三人组成的秘密委员会成立，拥有传唤人员、调取文件和记录的权力。

　　上议院和下议院一样在积极奔走。罗切斯特主教说这个项目像瘟疫一样。沃顿公爵说议院不应袒护任何人，对他而言，假如他最好的朋友也参与了这一项目，他绝对会将其抛弃。这个国家遭到了最可耻、最明目张胆的掠夺,他将和任何人一样严厉地惩罚罪犯。斯坦霍普勋爵说,这些罪犯不管是不是董事,他们所有的钱都应充公,以弥补公众的损失。

在这段时间里,公众情绪极为高涨。我们从考克斯的《沃波尔》中可以看到,一位南海公司董事的名字被当作了各种欺诈和恶行的同义词。全国各郡、市、区都提交了请愿书,要求为一个受伤的国家伸张正义,惩罚那些邪恶的投机者。那些持温和态度的人不愿采取极端手段惩罚罪犯,他们却被指控为共犯,遭到了不断的侮辱和恶毒的谩骂,成为受伤民众急于复仇的牺牲品。财政大臣艾斯拉比先生和另一位政府官员克拉格斯先生受到严厉指控,上议院不得不决定立即对他们进行调查。按照命令,1月21日,所有与南海公司项目有关的经纪人都要把1719年米迦勒节以来他们为财政部官员买卖或托管的股票、认购记录呈送到议会面前。记录显示,大量的股票都转到了艾斯拉比先生名下。南海公司的五位董事,包括那位著名历史学家[1]的祖父爱德华·

---

1. 即爱德华·吉本(Edward Gibbon,1737—1794年),英国著名历史学家,代表作有《罗马帝国衰亡史》,其祖父也叫爱德华。

吉本先生，都被送进了牢房关押。斯坦霍普伯爵提出的一项动议获得了全场通过，其中认为以下行为均是臭名昭著、十分危险的腐败行为：在没有实际支付或充分担保的价值对价财力下接受或赊购股票；南海法案在议会尚未通过时，南海公司董事或经纪人购买股票赠送政府官员或两院议员。几天后另一项决议也通过了，主要内容是，南海公司的董事和管理层偷偷地把自己的股票卖给了公司，犯下了臭名昭著的欺诈和违反信托的罪行，导致了这一不幸事件的发生，严重影响了公共信用。艾斯拉比先生辞去了财政大臣的职务，缺席了议会，直到立法机关正式开始调查他的罪行才再次出现。

公司财务主管奈特掌握着不轨董事们的所有危险秘密，此时已带着所有的账簿和资料出逃了。他乔装打扮搭乘一条小船，接着登上特意租来的大船，安全抵达了加莱。秘密委员会把这一情况通知了议会，并一致决定向国王呈递两个诉求：第一，恳求他发布一个告示，悬赏捉拿奈特；第二，立即下令封锁港口，并有效地监视海岸，以防奈特或南海公司其他管理层逃离国家。纸上的墨水还没干，这一诉求就由议会授权的麦修恩先生呈送给了国王。当天晚上,国王发布了一份公告,悬赏2000英镑捉拿奈特。下议院锁上了大门,钥匙束之高阁。秘密委员会成员之一罗斯将军告诉他们说,已经发现了一连串只有魔鬼才会做出的最丑恶的恶行和诡计,足以毁灭一个国家,这些都会在适当时候公布给议会。同时,为了进一步查明真相,委员会认为很有必要拘留南海公司的一些董事和主要官员,并查封他们的文件。相关动议获得一致通过。议员罗伯特·卓别林爵士、西奥多·詹森爵士、索布里奇先生、F.埃尔斯先生以及南海公司董事受到了传唤,要求对他们的腐败行为做出解释。西奥多·詹森爵士和索布里奇先生接受了传唤,并竭力为自己开脱。议院耐心听取了他们的解释,然后命令他们退下。随后,又一项动议获得了**全体一致**(*nemine contradicente*)的通过:他们已犯下臭名昭著的失信罪——给国王陛下的许多臣民造成了很大的损失,并极大地损害了公共信用。一则命令随后下达,由于所犯罪行,他们应当被驱逐出议院,并交由纠仪长(sergeant-at-arms)看押。罗伯特·卓别林爵士和埃尔斯先生在他们的位置上又待了四天,然后同样也被驱逐出了议院。与此同时,他们决定请求国王向驻外部长们下令，一旦在他们驻地发现逃难的奈特，必须将他移送英国政府。国王立刻同意了，当晚就向欧洲大陆各地派遣了信使。

约翰·布朗特爵士是被拘留的董事之一，人们普遍指责他是这一项目的始作俑者。我们从蒲柏写给艾伦·巴瑟斯特勋爵的信中可以得知，此人是一个新教徒，他的态度非常虔诚，自称是一个伟大的信徒。他不断抨击这个时代的奢侈和腐败，议会的不公和党派精神的痛苦。在贬斥大人物和贵族的贪婪时，他的言辞特有说服力。他最初只是一个抄写员，后来不仅成了董事，而且还是南海公司最活跃的管理者。他是否是在这个职位上才开始抨击大人物的贪婪，我们已不得而知。不过，他所目睹的肯定足以证明其百般责难的正确性。但是，如果牧师没有犯下自己谴责的罪行，那他的宣讲会有更好的效果。拘押期间，他被带到了上议院法庭，接受了一次漫长的审判。他拒绝回答一些重要的问题。他说他已经在下议院委员会那里被审查过了，由于他不记得回答了什么，担心会自相矛盾，所以拒绝在另一个法庭上再次回答。这番声明等于间接证明了他有罪，在上议院引起了一些骚乱。不过，法庭还是再次强硬地要求他回答是否向政府官员或议会议员出售过股票,以此推进南海法案的通过。他还是拒绝回答。他说,他很尊重上议院,但让他指控自己却是强人所难。几番让他恢复记忆的努力失败后,他又被带了下去。内阁的支持者和反对者之间爆发了激烈的争吵。据说,政府对约翰·布朗特爵士这种图省事的沉默寡言方式见怪不怪了。沃顿公爵对斯坦霍普伯爵做了一番评论,引起了后者强烈的不满。他讲话的时候太过激动,导致他突然大脑充血。他感觉很难受,不得不离开议会,回到自己房间休息。医生立即给他放血,第二天早上又放了一次,但收效甚微。没人料到情况会如此致命。临近傍晚时分,他已变得昏昏沉沉,转了个身,脸朝下死去了。国家因这位政治家的突然去世而陷入巨大的悲痛之中。乔治一世尤为严重,他把自己反锁在屋子里长达几个小时,为失去斯坦霍普伯爵伤心不已。

在列日附近的蒂尔勒蒙,公司财务主管奈特被住在布鲁塞尔的英国侨民利斯先生的一位秘书抓获,关在安特卫普的城堡里。英国政府多次向奥地利法庭要求遣返奈特,但均遭拒绝。奈特获得了布拉班特公国的保护,要求在那里受审。根据《光荣入城》

(*Joyeuse Entrée*)法案的规定，公国拥有一项特权，即所有在公国内拘捕的罪犯都应在当地受审。公国坚持自己的特权，拒绝将奈特引渡给英国当局。英国当局从不曾放弃自己的立场，但就在此时，奈特却从城堡里逃跑了。

2月16日，秘密委员会第一次向议会汇报。他们表示在调查中遇到了无数的困难和尴尬，每个被调查的人都在竭力对抗正义的审判。他们拿到的一些账簿中有许多虚假和伪造的条目；另一些则在入账款项的持股人姓名一栏留有空白。一些账簿中存在多处擦除和改动的痕迹，还有一些中的几页被撕掉了。他们还发现一些重要的账簿被毁掉了，还有一些被转移或藏起来了。他们在刚开始调查时就发现，涉及的问题种类繁多、范围很大。许多人在法律执行中被委任了各种职务，能够调配几千人高达上百万的资产，却在它的幌子下干着不法勾当。他们发现，南海法案通过之前，公司账簿上有一笔总计1 259 325英镑的记录，称售出的股票金额为574 500英镑。这笔股票完全是伪造，只是用于推动法案的通过。上面还记录着在不同的日子以不同的价格出售的股票，溢价从150%到325%不等。看到公司在无权增资时就使用了这么一大笔钱，委员会感到十分震惊，决定要巨细靡遗地核查全部交易记录。董事长、副董事长和几个董事被带了过来，受到了严格的审查。他们发现，在伪造这些账目时，公司并没有这么多的股票，实际只掌握着一小部分，最多不超过3万英镑。随着调查的进行，他们发现公司接受或持有的这部分股票，其购买者是伪造的，双方并没有就在何时交付和接受这些股票达成双向协议。这些所谓的买家既没有付款，也没有提供任何定金或担保，由此，如果股价跌了，或者法案没有通过，他们就不必承担任何损失。相反，如果股价上涨（因为该计划的成功，实际情况就是如此），那么涨价后的差价对他们来说也是有利的。因此，法案通过后，奈特先生编造并调整了股票账户，并用公司现金向伪造的购买者支付了差价。这批虚假的股票主要由约翰·布朗特爵士、吉本先生和奈特先生支配，并以贿赂的方式分给政府的几个官员和他们的亲信，以便使法案得以通过。桑德兰伯爵得到了5万英镑的股票，肯德尔公爵夫人收了1万英镑，给普拉滕伯爵夫人1万英镑，给普拉滕伯爵夫人的两个侄女1万英镑，给克拉格斯部长先生3万英镑，给查尔斯·斯坦霍普先生（财政部的一位秘书）1万英镑，给剑刃公司5万英镑。同时还发现，斯坦霍普先生经特纳-卡斯沃尔公司之手获得了25万英镑，作为一些股票价格的差价，但他的名字已经从账簿上删了一些，改为斯坦盖普。财政大臣艾斯拉比获利的方式更令人厌恶。他在特纳-卡斯沃尔公司也有一个总计794 451英镑的账户，这家公司同时也是南海公司的董事。同时，他还建议南海公司在没有任何保证的情况下，自行将第二次认购的金额从100万英镑提升到了150万英镑。第三次认购的方式也同样可耻。艾斯拉比先生的名下有了7万英镑，老克拉格斯有659 000英镑，桑德兰伯爵有16万英镑，斯坦霍普先生有47 000英镑。这篇报告后面还有六份不太重要的报告。每份报告最后，委员会都声明，由于没有找到主要责任人奈特，他们的调查无法继续进行。

第一份报告印制出来的第二天就被拿去讨论，而这也是仅有的一次。经过一场非常愤怒和激烈的辩论后，一系列决议全场通过，包括谴责南海公司董事以及议会、政府相关人员的行为，宣布他们都应拿自己的财产弥补对公众造成的伤害。他们的做法被视为腐败、无耻和危险的行为。一项法案出台了,旨在救助不幸的受害者。

查尔斯·斯坦霍普先生第一个被带来,要求对他在这些交易中的股票做出解释。他自我辩解到,近几年,他的钱都是放在奈特先生那里,不管奈特先生为他买了什么股票,他都支付了相应的款项。至于特纳-卡斯沃尔公司买给他的股票,他完全不知情。这件事中发生的一切都没有经过他的授权,所以他不应对其负责。特纳-卡斯沃尔公司应当承担所有责任,但是每个公正无私的人都知道一个臭名昭著的事实:斯坦霍普先生获得了25万英镑的收益,并以他的名义放在了公司账户上。然而,他被以3票的微弱优势无罪释放。许多人尽了最大的努力为他开脱。查斯特菲尔德伯爵的儿子斯坦霍普勋爵,四处游说游移不定的议员,使出浑身解数劝说他们投无罪票,或者缺席议会。很多优柔寡断的乡绅在他的劝说下动摇了,而结果正如前所述。无罪释放的事实在全国引起了极大的不满。气势汹汹的暴徒聚集在伦敦各个地方,人们普遍担心会发生骚乱,尤其是此时一个更严重的罪犯预计也会有类似结局。艾斯拉比先生身居高位、责任重大,即使他本人的原则性不够,这些也应使他保持诚实,但他却被视为最严重的罪犯。斯坦霍普先生无罪释放的第二天，他的案子开始审理。人们很激动，议会大厅和过道上挤满了人，急于知道结果。辩论持续了一整天。艾斯拉比先生几乎没有支持者：他的罪行十分明确、令人发指，没人敢出来为他辩护。最后全体同意，艾斯拉比先生为了获取暴利，怂恿并推动了南海计划的灾难性实施，他与那些董事同流合污，破坏了王国的公共贸易和信用；因其罪行，他被耻辱地逐出下议院，关进伦敦塔受到严密监视；一年之内或直到下次议会召开，他都不准离境；他必须从财产中拿出一部分，用以救济那些因他的不法行为而受苦的人。

这一判决令全民欢呼雀跃。尽管消息是在夜里12点半才发布，但很快就传遍全城。许多人张灯结彩表达喜悦。第二天，艾斯拉比先生被押送伦敦塔，民众们聚集在塔山上，打算辱骂并扔东西打他。这愿望并没有实现，他们就生起一堆篝火，兴高采烈地围着它跳舞。其他地方也燃起了篝火，伦敦充满了节日的气氛，人们相互祝贺，仿佛刚刚从一场大灾难中逃脱。斯坦霍普先生被判无罪后，人们的愤怒已经高涨到了顶点，假如艾斯拉比先生也同样被特赦,那谁也不知道这愤怒会到什么地步。

为了提升公众的满意度,特纳－卡斯沃尔公司的乔治·卡斯沃尔爵士第二天也被逐出议会,关进伦敦塔,并被勒令退还25万英镑。

秘密委员会报告中有一部分与桑德兰伯爵有关,这是接下来要审议的内容。同僚们使出浑身解数,只为让他的爵位免受玷污。由于指控他的依据主要来自从约翰·布朗特爵士那里逼供出来的证据,所以他们就竭力让约翰爵士的话看起来不可信,尤其是那些涉及贵族和枢密院议员荣誉的事情。众所周知,如果他被判有罪,托利党就会借机掌权,因而内阁的全部支持者都团结在了他的周围。最终,他被以233票对172票的优势无罪释放,但整个国家仍认定他有罪。愤怒席卷各地,凶恶的暴徒再次聚集在了伦敦。但幸好没有发生骚乱。

这一天,老克拉格斯去世了。第二天本应是他受审的日子。人们普遍认为他是服毒自尽。不过,他的儿子(财政部的秘书之一)五周前死于天花,痛失爱子对他的伤害应该更大。为了深爱的儿子,他积攒了大量的财富。他得到了钱,但不诚实,他为之出卖荣誉,玷污名声的人,现在却不在了。进一步曝光的恐惧加剧了他的苦痛，最终使他中风发作，不幸离世。他留下了150万英镑的财产，这笔钱后来被充公，用于对受害者的补偿，因为他们的损失正是源自他着力打造的悲惨幻觉。

公司董事们一个接一个地受审。他们的财产中要拿出201.4万英镑充公，用以弥补其所作所为造成的伤害，不过，每个人也都被允许根据不同的行为和处境留下一些财产，以便能开始新的生活。约翰·布朗特爵士仅能从他至少18.3万英镑的财产中保留5000英镑；约翰·菲罗斯有24.3万英镑的财产，可留下1万英镑；西奥多·詹森爵士有24.3万英镑的财产，可留下5万英镑；爱德华·吉本先生有10.6万英镑的财产，可留下1万英镑；约翰·兰波特爵士有7.2万英镑的财产，可留下5000英镑。其他涉案不深之人的处罚则更为宽松。历史学家吉本的祖父爱德华·吉本先生受到了严重的惩罚，吉本在他的《回忆录》中对当时议会的判决过程有一段有趣的记录。他承认自己并非客观中立的旁观者，但是，由于所有作者对这一灾难年代历史进程的记述都偏向另一边，这位伟大历史学家的叙述就有了额外的价值。本着听取双方陈述（*audi alteram partem*）的原则，他的观点值得我们关注。"1716年，"他写道，"我的祖父当选为南海公司董事之一，他的账簿表明，在接受这一致命的职务之前，他就已经拥有6万英镑的独立财产。但这些财产在1720年的灾难中悉数尽毁，三十年的艰辛一夜之间化为泡影。在南海项目中受益还是腐败，我祖父和他的董事兄弟们是否有罪，关于这些，我都算不上一个称职中立的法官。然而，现代社会的公平必须诉诸暴力和专断才能实现，这不仅会让正义事业蒙羞，也会使不公正更加可憎。这个国家刚从美梦中醒来，民众甚至议会就高呼抓捕受害者。但各方都承认，无论董事们犯了多大的罪，这个国家的任何法律都不能定他们的罪。莫尔斯沃思勋爵的痴心妄想并没有真正付诸实施，却招来了一个痛苦和惩罚的法案——一个具有追溯效力的法规，以惩罚那些在犯罪时并不存在的罪行。立法机关拘押了董事们，强行过度管控他们的出庭，并急于给他们的人格打上耻辱的烙印。他们被迫宣誓交出所有的财产，不能转移或转让任何资产。面对这样一个痛苦和惩罚的法案，每个当事人在法庭上都有通过律师申诉的基本权利。他们恳求被倾听。他们的诉求被拒绝了，他们的压迫者不需要证据,也不会听取辩护。最初有人提议他们各自可留下八分之一的财产用于未来的生活,但有人却特别强调,由于富裕和罪恶的程度不同,这样的比例对许多人来说太轻了,对某些人来说可能太重了。每个人的人格和行为都会被分别衡量,但是,没有冷静庄严的司法审查,这三十三个英国人的财产和荣誉,都成了可仓促定性的对象,成了大多数无法无天之人的玩物。委员会中最卑鄙的成员,通过一句恶意的话或一次沉默的投票,就可发泄他的怒气或个人仇恨。侮辱加重了伤害,戏弄又让侮辱更加痛苦。人们开玩笑式地选择给他们20英镑或1先令的津贴。一份语焉不详的报告称,一位董事先前曾参与另一个项目,这个项目令某些没有具名的人失去了钱财,而这也成了给他定罪的证据。有人被毁是因为说了句蠢话,声称要用金子喂马;还有人则因为太过高傲,某天在财政部没有客客气气地回答地位高于他的人的问话。没有出席审判,无视任何申诉,所有人被肆意罚款、没收,失去了绝大部分的财产。这种胆大妄为的欺压行径却几乎得不到议会无上权力的保护。我祖父和他的同伴们一样没有得到任何礼遇。他的托利党理念和关系令统治阶层厌恶至极。他的名字出现在一份可疑的秘密报告中。他那众所周知的才能也无法当作疏忽或犯错的借口。在最初对南海公司董事的诉讼中,吉本先生是第一批被拘留的人之一,在最后的宣判中,他的罚款数额表明了他罪大恶极。除先前清偿的部分外,他承诺要向下议院支付总计约106 543英镑5先令6便士。吉本先生原本可获得两笔分别为1.5万英镑和1万英镑的津贴,但讨论这个问题时,却被一致决定只给很少的一部分。议会夺不走我祖父的技能和信誉,在这些废墟上,他中年之后又建立了一座新的财富大厦。十六年的努力得到了充分的回报,而我也有理由相信,第二座绝对不比第一座逊色。"

在惩罚了董事之后,立法机关的下一项议题是重塑公共信用。沃波尔的计划并不奏效,且已声名狼藉。1720年年底,南海公司的股本总额完成了清算。3780万英镑的总额中,仅2450万英镑掌握在股东手中。剩下的1330万英镑为公司以他们的法人身份所有,而这一部分就是他们利用全民妄想赚得的利益。于是,公司被要求拿出800多万英镑,以每100英镑33英镑6先令8便士的股息分给股民和认购者。这很大地缓解了当时的局势。议会进一步下令,所有从南海公司以股票的形式借款,在借到的时候实际又转移、抵押给公司,或为公司所用的人,只要偿还借款总数的10%,就可免除其他责任。在股价不正常暴涨的时候,公司以这种方式借出了1100万英镑;而现在股价回落到正常水平,他们只收回了110万英镑。

但是,公共信用的彻底恢复还需要很长一段时间。这家企业就像伊卡洛斯[1]一样,蹿升得太高,翅膀上的蜡就被融化了,她像伊卡洛斯一样掉进了海里,在海浪中挣扎的时候才知道,她最适合的是坚实的地面。从那以后,她再也没有尝试飞那么高。

从那以后,在商业蒸蒸日上的时期又有过几次过度投机的倾向。一个项目的成功往往会产生其他类似的项目。在一个商业国家,人们的模仿能力总是会紧紧抓住这样的成功案例,然后将一个急功近利的群体拖进难以自拔的深渊。1825年,一些泡沫公司(和南海项目催生的那些泡沫公司一样)在这个著名的恐慌之年昙花一现便消失了。那一次,就

---

[1] 伊卡洛斯(Icarus),古希腊神话中建筑师和雕刻家代达罗斯之子,和父亲逃离克里特岛时,因飞得太高,双翼上的蜡遭太阳融化而跌落海中丧生。现在希腊的伊卡利亚岛就是为纪念他而得名。

像1720年一样，骗子因贪婪而大获丰收，但当清算的日子到来时，两者都损失惨重。1836年又有些项目一度造成了灾难性的后果，但幸运的是，灾难被及时避免了。[1]

---

[1] 直到1845年，南海项目都是英国历史上人们醉心商业赌博的最典型案例。本书第一版出版不久，铁路大狂热（Great Railway Mania）就在当年和次年爆发了。——原注

❖ 郁金香狂热

> 噢，公民们，你们是多么的疯狂！
> ——卢坎[1]

郁金香——据说它的名字源自土耳其语，意为头巾——引入西欧的时间大约是在16世纪中叶，康拉德·格斯纳令其名声大噪，但绝对想不到随后它便让世界陷入骚乱。1559年，他在奥格斯堡的一处花园首次看到这种花，当时花园的主人是博学的赫

---

1. 卢坎，即马库斯·阿奈乌斯·卢卡努斯（Marcus Annaeus Lucanus, 1939—1965年），罗马诗人，代表作为史诗《法沙利亚》（*Pharsalia*），描述恺撒与庞培之间的内战。这部史诗虽是未完成作品，却被誉为维吉尔《埃涅阿斯》之外最伟大的拉丁语史诗。

瓦特顾问，一位收藏稀有外来植物的名人。花的球茎来自他的一位君士坦丁堡的朋友，在那里这种花一直都是人们的最爱。此后的十或十一年里，郁金香受到了富人们的追捧，尤其是在荷兰和德国。阿姆斯特丹的富人直接派人到君士坦丁堡求购郁金香球茎，并愿为之付出天价。1600年，从维也纳运来的根茎首次在英格兰落地。一直到1634年，郁金香的名气与日俱增，乃至如果一个人有钱却没有郁金香，那就证明他品味低下。许多有识之士都对郁金香情有独钟，包括庞培·德·安杰利斯和论文《论恒常》("De Constantia")的作者，莱顿著名的利普修斯。社会中产阶级狂热地追逐着它，即使是那些中等收入的商人和店主，也都开始竞相搜寻稀有的品种，炫耀自己购花投入的重金。哈勒姆就有位因此而出名的商人，他花费一半的财产购买了一株郁金花球茎，不是为了转手获利，而是为了放在自己的温室中供朋友们欣赏。

人们会想，这种花一定是有着某种伟大的品质，才会使它在精明如荷兰人的眼中变得那样珍贵。然而，它既没有玫瑰的美丽，也没有玫瑰的芳香——甚至都没有"香豌豆"的美，它的花期也没有两者持久。确实,考利对它大为赞赏。他说——

> 郁金香随之出现,浑身洋溢着欢乐,
> 却不恣意放纵,心高气傲,玩世不恭;
> 世界难以展现的色彩,都在这里绽放;
> 不仅如此,通过新的混合,她还能改头换面,
> 紫色和金色,蒙她照料
> 最华丽的刺绣,深得她心
> 她唯一的思量,就是赏心悦目,
> 艳压群芳。

这是一位诗人的描述,虽然并不是特别有诗意。在《发明史》(*History of Inventions*)中,贝克曼以更忠实的笔触描绘了它,其散文的形式比考利的诗更加有趣。他说:

> 鲜有植物像郁金香一样,能通过偶然、削弱或病态变得多姿多彩。在自然状态下,未经栽培的它几乎只有一种颜色,长着大叶子,还有一根特别长的茎。但经过人工栽培的削弱后,

它反而在花匠的眼中变得更加赏心悦目了。花瓣变得更白，更小，更多彩；树叶也变成了更柔和的绿色。因此，这个文明的杰作，变得越美丽，长得就越羸弱，以至于即便借助最高超的技巧和最仔细的照料，它也几乎无法移植或养活。

很多人都会不知不觉地依恋给他们带来很多麻烦的东西，就像母亲通常会偏爱体弱多病而非健康强壮的孩子。这些娇弱之花能被人们大加吹捧，同样可根据这一原理来解释。1634年，荷兰掀起了一场郁金香狂热，乃至国家正常行业都遭到了冷落，全体人民，甚至最底层的人渣都加入了郁金香交易。随着狂热的加剧，价格也随之上涨，1635年，人们要投入10万弗罗林[1]才能购买到四十株球茎。然后必须按一种比谷粒还小的重量单位佩里特来出售。一种叫作"海军上将里弗金"的郁金香重400佩里特，价值4400弗罗林；"海军上将范德艾克"重446佩里特，价值1260弗罗林；"小孩子"重106佩里特，价

---

1. 弗罗林，欧洲曾通用的一种金币。1252年于意大利佛罗伦萨诞生，后来成为荷兰官方流通货币。

值1615弗罗林;"总督"重400佩里特,价值3000弗罗林;此外还有最贵的"奥古斯都万岁",重200佩里特,最低要卖到5500弗罗林。"奥古斯万岁"很受欢迎,甚至劣质的球茎也能卖2000弗罗林。据说,1636年年初时这种球茎全荷兰只有两株,而且还不是最好的。一株掌握在阿姆斯特丹的一个商人手中,另一株在哈勒姆。投机商们十分迫切地想得到它们,其中一个甚至为哈勒姆的郁金香付出了12英亩建筑用地的所有权。阿姆斯特丹的那株卖了4600弗罗林,以及一辆新马车、两匹灰马和一整套马具。亨廷是当时一位很勤奋的作家,他就郁金香狂热写了一本长达1000页的书,其中有一份清单,记载了为购买稀有品种"总督"的单株球茎而支付的物品及其价值:

	弗罗林
两袋小麦	448
两袋黑麦	558
四头肥牛	480
八头肥猪	240
十二只肥羊	120
两大桶葡萄酒	70

	弗罗林
四大桶啤酒	32
两大桶黄油	192
一千磅奶酪	120
一张完整的床	100
一套衣服	80
一个银酒杯	60
	2500

之前未在荷兰，却恰逢这种傻事达到极致时回来的人，往往会因为不知情而让自己陷入尴尬的窘境。布兰维尔的《游记》（*Travels*）中记述了一件类似的趣事。有一位富商，他是为数不多拥有稀有郁金香的人，十分引以为豪，有一次，他收到了一批从黎凡特运来的昂贵货物。到达的消息是由一位水手送来的，两人见面的地方就在他的账房，堆满了各式各样的货物。富商为了嘉奖水手带来了好消息，就慷慨地送给他一份精美的红鲱鱼早餐作为礼物。这位水手应该非常喜欢洋葱，他看到富商柜台上放着的一株球茎很像洋葱，想当然地认为洋葱不应当放在丝绸和天鹅绒中间，他巧妙地瞅准时机把它塞

进了自己口袋,当作红鲱鱼早餐的佐料。他带着奖品离开了,走到码头去吃早餐。他刚走,富商就发现丢失了珍贵的"奥古斯都万岁",价值3000弗罗林,或大约280英镑。全家立刻陷入一片混乱;到处寻找那株珍贵的球茎,却无功而返。富商非常痛苦。第二次搜寻也毫无结果。最后有人想起了那个水手。

悲痛的商人一听到这个建议就跑到街上,惊慌的家人紧跟着他。那个水手真的是头脑简单!完全想不到隐藏。他被发现时就静静地坐在一圈绳子上,嘴里嚼着最后一口"洋葱"。他做梦也没想到,自己的这顿早餐足以养活整艘船的船员十二个月;或者,用失窃商人自己的话来说,"能够奢华地宴请奥兰治亲王和整个总督府的人"。安东尼把珍珠溶解在酒中,为克利奥帕特拉的健康干杯;理查德·惠廷顿爵士为取悦国王亨利五世,也干过同样华丽的蠢事;托马斯·格雷沙姆把钻石溶解在酒里,在伊丽莎白女王开设皇家交易所时为她的健康干杯,而这位淘气的荷兰水手的早餐同样出色。不过,与那些大手大脚的前辈相比,他还有一项优势:他们的宝石并没有提升酒的口感和健康程度,而他的郁金香和红鲱鱼搭配起来却更加美味。对他而言,整件事最不幸的部分在于,他被商人指控犯有重罪,因此在监狱里待了几个月。

还有一个关于某位英国旅行者的故事同样滑稽可笑。这位先生是业余植物学家,碰巧看到一个荷兰富人的温室里放着一株郁金香球茎。由于不知道它的珍贵,他就拿出小刀,想剥下外皮在上面做一些实验。当他这样把球茎剥到只有原来一半大小时,又把它一分为二,从头到尾,他对这颗未知球茎的奇异外表做了许多颇有见地的评论。突然,主人向他猛扑过去,怒气冲冲地质问他知不知道自己做了什么?"剥了一个特别奇怪的洋葱",这位哲学家回答道。"该死的混蛋!"荷兰人说,"这是'海军上将范德艾克'。""谢谢您,"旅行者说,拿出他的笔记本记下了这个名字。"这些海军上将在你们国家很常见吗?""去死吧,笨蛋!"荷兰人抓起那位吃惊的科学家的衣领说,"跟我去见市政官,你会知道的。"不管这位旅行者如何抗议,他还是被拉上了大街,身后跟了一大群人。来到治安法官面前后,他才吃惊地得知,他做实验的那株球茎价值4000弗罗林;尽管他竭力要求减轻罪责,但还是被关进了监狱,直到他为这笔钱筹够了保证金才被释放出来。

1636年，对郁金香稀有品种的需求大幅增长，以至于阿姆斯特丹、鹿特丹、哈勒姆、莱顿、阿尔克玛、荷恩等地的股票交易所都设立了销售的常规市场。赌博的迹象开始渐趋明朗。股票经纪人在把握新的投机生意上总是十分敏锐，他们利用一切熟知的手段大量买卖郁金香，以此引起价格的波动。起初，就像所有的赌博狂热一样，信心高涨，所有人都盈利。郁金香投机商利用郁金香存货的涨跌进行投机，在价格下跌时买进，在价格上涨时卖出，从而获得巨额利润，许多人一夜暴富。一个诱人的金饵悬在人们面前，他们一个接一个地冲向郁金香市场，就像围绕着蜜罐的苍蝇一样。每个人都认为，人们对郁金香的热情会永远持续下去，世界各地的富人都会来到荷兰，为郁金香倾其所有。欧洲的财富都会集聚在须得海沿岸，贫困会在荷兰这片得天独厚的土地上消失。贵族、市民、农民、机械师、海员、男仆、女仆，甚至扫烟囱的人和制作衣服的老女人都卷入了郁金香生意。各个阶层的人都把自己的财产换成现金，投资在花上。房屋和土地以极低的价格出售，或者在郁金香市场上以支付交易的形式转让出去。外国人也被同样的狂热所吸引，钱从四面八方涌入荷兰。生活必需品的价格逐渐上涨：房屋和土地、马匹和马车以及各种各样的奢侈品都随之增值，有好几个月，荷兰就像是普路托斯[1]的前厅。交易运作变得如此广泛和复杂，以至于人们认为有必要起草一套法规来指导交易商。公证员和办事员也有所指派，专门为交易的权益服务。但在一些城镇，公证人的任命几乎不为人所知，郁金香本身就能担任公证人的职务。在一些更小且没有交易所的城镇，主要的"展示场所"通常选在一些重要的酒馆，在那里，高价和低价的郁金香交易均有，在讨价还价中成全他们奢华的娱乐。这些宴会有时会有两三百人参加，每隔一段距离就在餐桌和餐柜上放几大瓶盛开的郁金香，供他们在用餐时欣赏。

不过，那些更谨慎的人最终还是开始意识到这种愚蠢的行为不会永远持续下去。富人买花不再是为了养在花园里，而是以百分之百的利润再卖一次。可以预见到，最后肯定会有人输得很惨。随着这种信念的传播，价格应声下跌，再也没有上涨。商人们的信心被摧毁了，陷入了普遍的恐慌。A之前与B

---

[1] 普路托斯（Plutus），古希腊和古罗马宗教中的财富之神。

签订合同,以每株4000弗罗林的价格购买十株"奥古斯都万岁",六周后付款交货。B在约定的时间准备好了货物;但价格已经跌到了300或400弗罗林,于是A拒绝支付差价,也不接受到货的郁金香。在荷兰所有的城镇,每天都有违约者的名单出现。几个月前,成百上千的人还在怀疑这片土地上是否还有贫穷,现在突然发现他们手中只有那点球茎,而且即使以原价四分之一的价格出售都无人眷顾。四处都有痛苦的呼叫,人们都在相互指责。少数几个设法致富的人都隐藏了财富,以免被他们的同胞们所知,他们把钱投资到了英国或其他的基金。许多人曾在很短的时间里就从卑微的生活中挣脱而出,现在却又被抛回到了他们晦暗的起点。家境殷实的商人几乎沦为乞丐,许多达官显贵眼看着自己的家产彻底败落,无法挽回。

第一波警告过后,几个城镇的郁金香持有者召开了公共集会,讨论如何采取最好的措施来恢复公共信用。大家一致同意从各地派代表到阿姆斯特丹,和政府商讨解决混乱的办法。政府起初拒绝干预,只是建议郁金香持有者内部自行制订计划。为此,人们召开了几次会议;但都没有商议出让被骗者满意的结果,也没有提出弥补受害者哪怕是一点点损失的方略。每个人都在抱怨和谩骂,所有的会议都沦为激烈的争吵。不过,最终经过无数的争吵和挤兑后,聚集在阿姆斯特丹的代表们一致同意,所有在狂热顶峰或1636年11月前签订的合同都应宣布无效,在这一日期之后签订的合同,买家只要付给卖家10%的货款就可免除他们之间的约定。这一决定并不能让人满意。那些手中积压着郁金香的卖家当然会不满,而那些原本承诺要购买的买家也觉得自己受到了不公平的对待。曾经价值6000弗罗林的郁金香现在只要500弗罗林就能买到,因而,那个10%的比例比实际价值还要多出100弗罗林。全国上下的法院都有各种威胁破坏合同的诉讼,但法院都拒绝受理这种赌博性质的交易。

这件事最后被提交到了海牙的省议会,人们满怀信心地期待这个机构的智慧能够想出一些重塑信用的措施。但这个望眼欲穿的决定却迟迟没有下文。议员们一周接一周地研究讨论,终于在思考了三个月后宣布,他们在获得更多信息之前无法做出最终决定。不过,他们建议,每位卖家都应在有见证人在场的情况下,按照约定的价格将郁金香**实物**卖给买家。如果后者拒绝接受，那就将郁金香公开拍卖，并由最初的合同签约者承担实际价格和合同规定价格之间的差价。这正是代表们推荐的方案，并且已证明是没用的。荷兰没有执行强制支付的法庭。这一问题在阿姆斯特丹提了出来，但法官们一致拒绝干预，因为赌博中签订的债务在法律上不予承认。

事态由此平息了。政府没有能力找到一个补救办法。那些不幸的人突然意识到手中还积压着大量的郁金香，他们只能尽可能达观地承受自己的损失。那些盈利的人被允许保留所得，但国家的商业遭受了重创，很多年后才得以恢复。

英国在某种程度上也有类似荷兰的情况。1636年，伦敦交易所公开出售郁金香，投机商们在阿姆斯特丹的采购价有多荒谬，他们就要竭尽所能在此把价格抬到多高。在巴黎，投机商们也在竭力制造一种郁金香狂热。他们在这两个城市只取得了部分成功。然而，榜样的力量却让这些花大受欢迎，在某个阶层的人们那里，郁金香自此就被视为这片土地上最珍贵的花。荷兰人仍然以对郁金香的偏爱而臭名昭著，而且还在继续为它们付出比其他任何民族都高的代价。富有的英国人会夸耀他的优质赛马或古画，而富有的荷兰人则会吹嘘他的郁金香。

在今天的英国，如果一朵郁金香卖得比一棵橡树还贵，我们会觉得很奇怪。假如发现了一种*世所罕见*的郁金香，比朱文纳尔[1]笔下的黑天鹅还要黑，那它的价格能抵得上12英亩玉米。在苏格兰，根据一位作者在《不列颠百科全书》第三版附录中提供的权威信息，17世纪末时郁金香的最高价为10基尼。自此之后直到1769年，郁金香的价格似乎都在不断下降，当时英国最昂贵的两个品种"唐·克维多"和"瓦伦丁尼尔"分别只有2基尼和2.5基尼。这似乎是最低的价格了。1800年，单株球茎的正常价格是15基尼。1835年，一株叫作"范妮·肯布尔小姐"的球茎在伦敦公开拍卖，售价75英镑。在切尔西市国王路，某位园丁的一朵郁金香价格更令人瞩目——其商品目录上的标价为200基尼。

---

1. 朱文纳尔（Juvenal），即德奇姆斯·朱尼厄斯·尤维纳利斯（Decimus Junius Juvenalis，约60—127年），古罗马诗人，讽刺作家，著有《讽刺诗集》。他是最早用黑天鹅比喻罕见之鸟的作家。

⇢ 慢性投毒犯

佩斯卡拉：从来没听说过这种事。

史蒂芬诺：依我之见，
凡是听过的人，都会觉得
这是最不可能发生的荒谬之事。

佩斯卡拉：真的，我可以尽可能简洁地告诉你，
他们到底陷入了何种程度的疯狂。

——米兰公爵

投毒在各个时代都曾出现过，它的凶残之处在

于，药效起作用的过程非常缓慢，在普通的观察者看来，受害者似乎只是自然而然逐步衰弱而亡。对此好奇的人可以参考贝克曼关于秘密毒药的一些记述，他在《发明史》中收集了希腊罗马作家描写的相关事例。16世纪早期，这种类型的犯罪似乎开始逐步增多，到了17世纪，它就像瘟疫一样蔓延到了整个欧洲。投毒通常是伪女巫和伪巫师才会做的事，后来在那些声称拥有魔法和超自然力的人群中变成了一门学科。亨利八世二十一年通过的一项法案将其定性为叛国罪。犯罪者会被活活煮死。

历史上最早也是最残暴的此类案件当属托马斯·奥弗伯里爵士遇害案。这个发生在1613年的事件是詹姆斯一世宫廷的奇耻大辱。我们可以对这一事件略作概述，从而引出50年后法国和意大利投毒狂热盛行的历史。

罗伯特·科尔是一个苏格兰青年，很早就得到了詹姆斯一世的关注并拥有各种荣誉，而原因仅仅是其有着举世无双的英俊。即使是在当时，人们也怀疑詹姆斯一世迷恋那种最令人不齿的恶行，而我们现在对他的历史研究越多，这种怀疑就越变得强烈。无论如何，这个英俊的科尔在恩宠中快速晋升，他甚至会在公共场合把他那光滑的脸颊凑过去,恶心地让他的国王主子亲吻。1613年,他被封为苏格兰财政大臣,并以罗切斯特子爵的称号和头衔跻身英格兰贵族之列。除此之外,后面还有更多的荣誉在等着他。

飞黄腾达的过程中,他并不是没有朋友相助。国王的大臣托马斯·奥弗伯里爵士——从他自己的一些威胁信中可以看出,他不过是一个迎合国王恶行,并了解他危险秘密的人——暗中竭尽所能推动科尔的升迁,毫无疑问,他在某种程度上也得到了回报。奥弗伯里并没有将这种友谊局限于此——如果两个这样的人之间能有友谊的话——同时还扮演着**皮条客**(*entremetteur*)的角色,协助罗切斯特与埃塞克斯伯爵的妻子弗朗西丝·霍华德夫人通奸。霍华德夫人是个情欲旺盛、寡廉鲜耻的女人。为了摆脱碍事的丈夫,她启动了离婚的诉讼,而理由是她这种端庄正派、感情细腻的女人宁死也不愿说的。她那无耻的诉讼获得了成功,判决刚下她就开始筹备与罗切斯特勋爵的盛大婚礼。

托马斯·奥弗伯里爵士曾心甘情愿帮助他的靠山与埃塞克斯伯爵夫人私通,但现在却认为与这样一个卑鄙的女人结婚可能会阻碍他的晋升。因此，他竭力劝阻这位罗切斯特勋爵，而罗切斯特却一心想要结婚，他的热情和伯爵夫人一样强烈。有一次，当奥弗伯里和勋爵在白厅的走廊里散步时，有人听到奥弗伯里说："好吧，大人，如果你真的娶了那个下贱的女人，你就会彻底毁掉你的荣誉和你自己。听我的劝告，千万不要这样做；如果你做了，你就盼着自己没事吧。"罗切斯特愤然拂袖而去，发誓道："这件事，我会找你算账的。"这些话成了不幸的奥弗伯里的死刑判决书。他暗示可以通过他（奥弗伯里）的手段降低国王对罗切斯特的宠爱；同时还竭力抑制一个无情、放荡、鲁莽之人燃烧的激情，这些都极大地伤害了罗切斯特的自尊心。

奥弗伯里鲁莽的规劝传到了伯爵夫人那里，从那一刻起，她也发誓要报仇雪恨。不过，两人都阴险虚伪地隐藏了自己的意图，在罗切斯特的恳求下，奥弗伯里被任命为驻俄国的大使。这种表面上的偏袒只是一场深藏不露的致命阴谋的第一步。罗切斯特假装热心地考虑奥弗伯里的利益，建议他拒绝大使的任命，并且说这只是一个要清除他的诡计。同时，罗切斯特还承诺会帮他处理拒绝可能带来的任何恶果。奥弗伯里中了圈套，拒绝了大使这一任命。詹姆斯一世被激怒了，立即下令将他关进伦敦塔。

现在，他被严密地关押着，而他的敌人则终于有机会开始复仇。罗切斯特做的第一件事就是凭借他在宫廷的影响力将伦敦塔的副主管免职，然后任命他的爪牙杰维斯·埃尔威斯爵士填补空缺。这个人只是一个工具，此外，另一个人则必不可少，这就是曾给药剂师做过伙计的理查德·韦斯顿。他被任命为看守，直接看管奥弗伯里。至此，一切都对阴谋家的计划有利。

与此同时，阴险的罗切斯特还在给奥弗伯里写着极为友善的信，劝他耐心承受不幸，并许诺不会让他被囚禁太长时间，因为他的朋友正努力缓解国王的不快。为了装出极度同情他的样子，罗切斯特随信还送来了糕点和其他美味佳肴作为礼物，而这些在伦敦塔里是买不到的。这些东西里都被下了毒。偶尔，在没有信的时候，罗切斯特也会给杰维斯·埃尔威斯爵士寄来同样的礼物，以此证明这些东西没有下毒：那位不幸的囚犯却从未尝过。有个叫特纳的女人被雇来负责购买毒药，她以前有座声名狼藉的房子，曾不止一次把它借给罗切斯特和埃塞克斯伯爵夫人进行罪恶的勾当。毒药由装扮成兰贝斯区占卜师的福曼医生准备,协助他的是一个名叫富兰克林的药剂师。他们两个都知道这些毒药的用途,于是颇有技巧地将它们混在糕点和其他食物里,用的剂量都很小,以便能渐渐损耗受害人的体质。特纳太太定期把有毒食物交给看守,看守再把它们放到奥弗伯里面前。除了食物,他的饮料中也下了毒。砒霜混在他吃的盐里,斑蝥粉和胡椒粉拌在一起。这段时间,他的健康状况明显恶化了。他一天天变得越来越虚弱,胃口也变得很古怪,十分喜欢吃糖果和果冻。罗切斯特继续向他表示慰问,也预先备好了他所需要的一切,送去了许多糕点,偶尔还有松鸡和其他野味,以及小猪。在这些野味的调味汁里,特纳太太混进了大量斑蝥粉,并用硝酸银给猪肉下了毒。正如审判中所述,奥弗伯里在此所服下的药量,足以毒死二十个人,但他的体质确实很强壮,仍然可以苟延残喘。药剂师富兰克林承认为福曼医生准备了七种不同的毒药,它们是:硝酸、砒霜、水银、钻石粉、硝酸银、大蜘蛛和斑蝥粉。奥弗伯里坚持的时间太长了,罗切斯特失去了耐心,在给埃塞克斯夫人的一封信中,他表示担心事情无法尽快解决。埃塞克斯夫人立即下令给看守,让他马上解决掉受害者。在这段时间里,奥弗伯里尽管对下毒的事情一无所知,但也怀疑过遭到了背叛。不过,他只是怀疑自己要被终身监禁,要被国王更加严厉地惩治。在一封信中,他威胁罗切斯特说,如果他不能被立即释放,那他就会把罗切斯特的恶行公之于众。他说:"你和我,不久就会面对另一种性质的公开审判……不要逼我走极端,以免我说出一些让你和我都会后悔的话……不管我是死是活,你的耻辱永远都不会消失,都将永存于世,让你成为世上最面目可憎的人……我很奇怪,你竟然忽视了这样一个知晓各种各样秘密的人……共同的秘密,结果不就是共同的危险吗?"

面对罗切斯特勋爵这样鲁莽的人,所有的警告以及掌握危险秘密的暗示都只能成为对自己不利的因素:它们更可能会导致奥弗伯里的死亡而非得救。罗切斯特似乎是怎么想就会怎么做。他无疑采用了杀人犯的逻辑:"死人不会告密",收到这封信后,他向他的情妇抱怨事情拖得太久了。他们催促韦斯顿赶紧把人杀死,所有人的耐心都耗尽了,终于,1613年10月,一剂氯化汞被奥弗伯里服下,结束了在他们手里长达六个月的折磨。他死的那天,没等尸体凉透,他就被随随便便地用一张床单裹起来,埋在了塔内的一个坑里,没有举行任何葬礼。

在《詹姆斯一世的宫廷与品格》(*Court and Character of James I*)一书中,安东尼·韦尔登爵士对这场悲剧结局的描写略有不同。他说:"富兰克林和韦斯顿来到奥弗伯里的囚室,发现他仍处在无尽的折磨中,生命本能的力量和毒药的作用还在缠斗。看起来,生命本能的力量在这场斗争中占了上风,由于奥弗伯里身上长了很多疖子、红斑和脓疱,他们担心医生检查时会得知实情,看出他死于谋杀,于是就决定用床单将他勒死。他们就这样结束了奥弗伯里悲惨的生命,并向其他同谋者保证他死于中毒,除了这两个杀人犯,其他人都一无所知。"

突然的死亡、草率的葬礼、缺失的尸检,这些都加深了人们的怀疑。流言不再仅仅于背地里暗暗相传,而是开始公开宣扬;死者的亲属公开表示他们相信自己的亲人被谋杀了。但罗切斯特在宫廷中的权势如日中天,没人敢对他说三道四。不久后,他与埃塞克斯伯爵夫人举行了盛大的婚礼,国王亲自出席了仪式。

比起罗切斯特的自以为是,奥弗伯里看起来对詹姆斯一世性格的了解更深,他曾预言罗切斯特的婚姻最终会导致失去詹姆斯一世的恩宠,仅凭这句话,他就称得上是真正的先知。但在当时,罗切斯特正处在最为得宠的时期,不过,这并没有持续太久——良心,那个忙碌的监督员,开始起作用了。流言蜚语从未停止,而罗切斯特这个罪人最终也变得颇为不堪。他的脸颊失去了血色——他的眼睛变得暗淡,他变得喜怒无常、粗心大意、郁郁寡欢。国王看他这样,对他的陪伴也失去了兴趣,开始另觅新欢。白金汉公爵乔治·维利尔斯正合他心意:机智、英俊且放荡不羁。单单后两个品质就足以让詹姆斯一世倾倒。随着罗切斯特的逐渐失势,白金汉公爵的影响力与日俱增。失宠之人无朋友,针对罗切斯特的流言比以往更响亮也更执拗,新宠通常也会踢上一脚,设法加快旧爱的陨落。白金汉公爵急于彻底摧毁那位深受国王宠爱的前任,于是便怂恿托马斯·奥弗伯里爵士的亲属提起诉讼,调查奥弗伯里的离奇死亡。

詹姆斯一世惩罚自己未曾参与的犯罪行为时，绝对足够严厉。此外，他还为自己善于解开谜团而自豪。托马斯·奥弗伯里爵士的案件恰好可以让他大显身手。他立即下令逮捕杰维斯·埃尔威斯爵士，但刚开始审理的时候，他似乎没有意识到罗切斯特与此事牵连甚深。国王对这种缓慢下毒的残暴手法感到十分恐惧，于是召来了全部法官。根据安东尼·韦尔登爵士的说法，杰维斯·埃尔威斯爵士就跪在他们中间说："尊敬的法官大人们，我最近听说你们在调查一件投毒的案子。上帝啊！如果我们的餐桌变成这样一个陷阱，没有人可以在没有生命危险的情况下用餐，如果我们把这种意大利风俗引入我们中间，那这个王国（世界上唯一以好客著称的国家）将会是多么悲惨的状况！因此，诸位大人，我要求你们严格审查，不偏袒，不偏爱，不徇私，在那伟大而可怕的审判之日给出你们的答案。如果你们赦免任何一个罪犯，上帝的诅咒就会落在你们和你们的后代身上。如果我宽恕了那些有罪之人，上帝就会永远诅咒我和我的子孙！"

这一诅咒无疑落在了忠心耿耿的斯图亚特家族

身上。庄严的誓言被打破了，上帝的诅咒的确降临在他和他的后代身上！

杰维斯·埃尔威斯爵士之后，下一个被逮捕的是看守韦斯顿，然后是富兰克林和特纳太太，最后就是萨默塞特伯爵及其伯爵夫人，也就是罗切斯特，他在奥弗伯里死后荣升到了这一尊位。

韦斯顿率先受审。公众的好奇心高涨。所有人都在讨论这一案件，审判当天法庭里挤得水泄不通。据《国家审判》记载，最高法院的首席法官库克"向陪审团揭露了投毒者的卑鄙和懦弱，他们在一个人毫无保护和防御措施的情况下，偷偷地伤害他的生命；这是英国多么罕见的投毒事件，这是我们国民多么厌恶的事情。但是，魔鬼教会了这些暗杀者阴险狡诈，他们以此能够随心所欲地四处下毒，经过一个月，两三个月或更长时间耗尽了受害者的**生命精华**，据他们所述，他们主要通过四种方式下毒，即饮、尝、嗅和触"。

起诉书宣读完毕，韦斯顿唯一的回应就是："主啊，可怜可怜我吧！主啊，可怜可怜我吧！"当被问到他将如何受审时，他拒绝让本国的陪审团来审判他，并宣称他将只接受上帝的审判。他坚持了一段时间。由于害怕因藐视法庭罪[1]而受到可怕的惩罚，他最终申辩"无罪"，并在应有的法律程序中接受审判。

所有已证实的情况都对他不利，他最后被判有罪并在泰伯恩刑场处决。特纳太太、富兰克林和杰维斯·埃尔威斯爵士也被送上法庭，被判有罪，并于1615年10月19日至12月4日之间被处决，但直到第二年的5月，萨默塞特伯爵和伯爵夫人的大审判才开始进行。

在审讯杰维斯·埃尔威斯爵士的过程中，案件的详情浮出了水面，表明萨默塞特夫人的叔叔北安普顿伯爵以及首席驯鹰人托马斯·曼森爵士也参与了投毒，他们同样有罪。前者已经死了，托马斯·

---

1. 藐视法庭罪的惩罚可以用三个词来表述：压死、冻死、饿死。压死，就是让罪犯平躺在地上，然后往他身上压重物，重量慢慢增加，直到他咽气。有时，惩罚并不会进行到最后一步，而是让罪犯恢复一下，然后进行第二种惩罚，冻死。在此，罪犯要在大庭广众之下，赤身裸体站在某个地方。第三个惩罚是饿死。这个更加可怕，法令规定："他可以吃的只能是最粗糙的面包，喝的水只能是行刑地下水沟和水坑里的水；他喝水的那天不能吃面包，吃面包的那天就不能喝水。"在这种折磨下，他能活多久全凭他能坚持多久。——原注

曼森爵士被逮捕并接受了审判。然而，托马斯·曼森爵士太过危险，不能送上绞刑台。他知道太多詹姆斯一世令人作呕的秘密，他的临终演说可能会透露一些不利于国王的信息。掩盖过去的罪行必然会产生新的罪行：对托马斯·曼森爵士的审判突然结束，他本人被释放了。

詹姆斯一世已经违背了他的誓言。现在，他开始担心自己这么急于惩罚投毒的人未免太草率了。对国王而言，萨默塞特无疑会被判有罪，而他也会寻求宽恕和赦免。被关在伦敦塔的时候，萨默塞特就确信詹姆斯一世不敢把他送上法庭。在这一点上，他错了，但詹姆斯一世也很痛苦。两人之间究竟有什么秘密，现在已无从得知；但还是可以猜出一些。有人认为秘密就是国王沉溺其中的恶习；而另一些人则认为它与亨利王子的死有关，亨利王子是一个品行端正的年轻人，尤其痛恨萨默塞特。这位王子很早就去世了，但他的父亲并不哀伤，坊间流传，他是被萨默塞特毒死的。或许，国王的心灵背负着某种沉重的罪责或其他什么东西；公开处决他的同谋萨默塞特，也难保不出什么乱子。因此，当他发现他的最爱与奥弗伯里谋杀案牵涉甚深时，詹姆斯一世陷入了可怕的煎熬中。痛苦的国王想尽一切办法保证囚犯心态的平稳。有人偷偷地建议萨默塞特认罪，要相信国王会宽大处理。伯爵夫人也收到了同样的劝告。国王命令培根起草了一份文件，上面列出了所有能够让萨默塞特得到"仁慈和恩惠"的证据。萨默塞特再次被建议认罪，并保证不会有任何灾祸发生在他身上。

伯爵夫人首先受审。宣读起诉书时，她浑身发抖地流着眼泪，低声认罪。当被问及为什么不应对她判处死刑时，她毕恭毕敬地回答："我这样做会引起众怒，但确实没有什么能减轻我的罪过。我请求怜悯，希望各位大人可以为我向国王求情。"她被判处死刑。

第二天，伯爵受审。他似乎不信任詹姆斯一世的承诺，也不认罪。或许是由于了解国王的性格，他非常镇定自若地严厉盘问证人，固执地为自己辩护。经过十一个小时的审判后，他被认定有罪，并以重罪判处死刑。

无论国王和这个罪犯之间有什么秘密，他都完全不顾自己许下的庄重誓言，不敢签下死刑令。很可能，这个死刑令是他也会签给自己。伯爵和伯爵夫人被关进了伦敦塔，在那儿囚禁了将近五年。后来，令公众震惊、愤怒，同时也让他们的最高首领蒙羞的是，这两个人得到了皇室的宽恕，只是被命令居住在远离宫廷的地方。由于犯有重罪，伯爵的财产均被没收，但詹姆斯会从这些财产的收益中，每年拿出4000英镑给他们！无耻至极。

关于这些罪犯后来的生活，我们无从得知，只知道他们彼此曾经的爱已变成了厌恶，他们在同一屋檐下住了几个月，却一句话也没有说过。

他们暴行的曝光并没有阻止投毒的延续。相反，我们后面会看到，它招来了疯狂的模仿，而模仿真的是人性中最怪异的特质。詹姆斯本人就很有可能是其受害者。哈里斯《詹姆斯一世的生平与著作》（*Life and Writings of James I*）的注释中就有许多相关的信息。白金汉公爵的罪名虽没有完全成立，但其疑点却足以将数百人送上断头台。至于犯罪的动机，据说是为了报复国王统治后期开始对他的冷漠，他害怕詹姆斯会给他降职，也希望在老国王过世之后，能够将其对王位继承人思想的巨大影响延续到新的王朝。

在《哈利父子杂录》（*Harleian Miscellany*）第二

卷中，有一篇短文名为《复仇先驱》(Forerunner of Revenge)，作者是医学博士乔治·伊格利沙曼，詹姆斯国王的医生之一。在引述这篇短文时，哈利斯说它充满了敌意和偏见。它明显有些夸大其词，却着实构建了一个证据链条。伊格利沙曼认为，"国王得了疟疾，所以当国王所有的医生都在用餐时，公爵抓住这个机会给他服了一包白色的粉末，这一过程中国王拒绝了很久，然而，他经不住公爵谄媚的强求，用酒服下，状况立即就变得越来越糟，他陷入了多次晕厥和疼痛之中，腹部剧烈地起伏，在这种折磨下，国王大声说出了那白色的粉末：'上帝啊，我真不应该服下它！'"然后他还告诉我们，"白金汉伯爵夫人（公爵的母亲）在国王的胸和心脏部位涂上了石膏，因此他变得虚弱，呼吸急促，痛苦不堪。医生说国王中毒了，但白金汉公爵却命令他们出去，并把其中一个医生囚禁到他自己的房内，把另一个赶出宫廷。国王死后，他的身体和头都异常肿胀，他的头发和头皮都粘在枕头上，他的手指甲和脚指甲也都松动了。"克拉兰敦是公爵的党羽，他对詹姆斯一世的死给出了完全不同的说法。他说："国王死于疟疾（在痛风引起的短暂不适之后），一个五十八岁又胖又笨重的身体里本就有许多体液，疟疾发作了四五次后就带走了国王——国王死后，出现了各种毫无根据的污蔑和诽谤性言论，这些都是在最严格、最恶毒的审查之后很久，一个言论自由的时代，那时，没人会害怕冒犯陛下，那时，对王室极尽侮辱和诽谤就是功业。"这番宣言尽管颇为自信，却很难让人相信外界的流言都是无稽之谈。如他所言，调查并不严密，而且那位有权有势的宠儿完全可以运用一切违宪的影响力来挫败这些调查。在布里斯托伯爵对白金汉公爵的著名指控中，毒杀詹姆斯国王是罪行清单中的最后一项，但当时，有着综述性证据历史记录的那几页被撕掉了。

据说，为白金汉公爵提供毒药的是兰姆医生，一个巫师和江湖医生，他除了贩卖毒药，还假装占卜师。民众的愤怒对他的顾客没有什么伤害，都完全指向了他，导致他再也不能安然无恙地出现在伦敦街头。他的命运十分悲惨。一天，他乔装打扮走在齐普赛街，自以为无人能识破，却被几个闲逛的男孩认了出来。他们用石头轰赶和袭击他，大叫着："投毒者！投毒者！打倒巫师！打倒他！"一群人赶了过来，医生拔腿就跑，逃命去了。但他还是在伍德街被追上抓住了,从那里,他被揪着头发拖过泥坑,一直到圣保罗十字路口;人们用棍子和石头不停地打他,大喊着:"杀了巫师!杀了投毒者!"

查理一世听到了消息,从白厅骑马去平息暴乱,但他到得太晚,没来得及拯救受害者。受害者的每一根骨头都被打断了,早已断气。查理十分生气,但也只能以未能将元凶绳之以法为名罚了伦敦600英镑。

不过,下毒最为盛行的地方是意大利。从很早的时候开始,这个国家就将它视为十分正当的杀敌手段。16—17世纪,意大利人毒死他们的对手时丝毫不感到内疚,就像今天的英国人会对任何伤害他的人提起法律诉讼一样正常。从当时作家的著作中可以看到,拉·斯帕拉和拉·托帕妮娅进行着罪恶交易的年代,女士们都堂而皇之地把毒药瓶放在她们的梳妆台上,毫不顾忌地使用它们,就像现代女士给自己喷**古龙香水**或薰衣草香水一样。这种社会风尚的影响十分强大,甚至可以让谋杀都被视为微不足道的小过失。

1648年,最后一个吉斯公爵曾有一次堂吉诃德式的尝试,妄图掌控那不勒斯市政府,在他的回忆录中，我们可以发现大众看待投毒这件事的一些奇怪细节。在渔夫马萨尼埃罗[1]短暂却辉煌的事业之后，一个名叫吉纳罗·安尼斯的人又把自己塑造成了某种人民领袖，这招来了吉斯公爵的反感，并导致公爵的追随者们决定杀了他。公爵本人很冷静地告诉我们，警卫队队长被任命担当这个职责。有人提议匕首是最有效的工具，但队长抬起眼睛，对这个提议表达了发自内心的恐惧。他准备毒死吉纳罗·安尼斯，只要一声令下，他随时都会去做，但刺杀对他这样一位警卫而言是不光彩也不得体的！最终，下毒得到了一致认可，一位深得公爵信赖的律师奥古斯蒂诺·莫拉把一瓶装有液体的瓶子带了过来。下面是公爵本人的叙述：

奥古斯蒂诺晚上来找我说："我给您带来一样东西，能够让您彻底摆脱吉纳罗。他死有余

---

1. 马萨尼埃罗（Masaniello），原名托马索·阿尼埃罗（Tommaso Aniello），意大利那不勒斯人民起义首领。原是渔民，1647年领导那不勒斯的手工业者、小商人以及附近地区的农民发动起义，焚毁税局，占领那不勒斯。马萨尼埃罗被推举为市政首脑。同年7月16日被贵族收买的刺客暗杀。

辛，至于何种采用方式将他正法，这都不重要。您看这个瓶子，装满了清澈美丽的水：四天后，它会严惩那人所有的叛逆行为。警卫队队长会把它带给他；它毫无味道，吉纳罗不会怀疑。"

公爵还告诉我们，剂量调配得恰到好处。但吉纳罗很幸运，那天晚餐只吃了涂油的卷心菜，这反而成了一种解药，让他呕吐不止，救了他一命。他大病了五天，但从来没有怀疑过被人投了毒。

随着时间的推移，贩卖毒药成了一种有利可图的交易。十一年后，罗马猖獗的毒药交易甚至连懒怠的政府都不得不出面干预。贝克曼的《发明史》，勒布雷的《国家教会历史资料杂志》（*Magazin zum Gebrauche der Staaten Kirche Geschichte*）中都提到，1659年，教皇亚历山大七世得知，许多年轻妇女在忏悔室里承认她们用慢性毒药毒害了自己的丈夫。天主教的神职人员通常都会严守忏悔室中秘密的神圣性，但他们仍然对这种罪行的猖獗感到震惊和恐惧不已。虽然他们没有说出这些忏悔者的姓名，但他们认为自己有义务把这些滔天罪行告诉教会的领袖。在罗马，年轻的寡妇异常多，这也是人们普遍谈论的话题。还有人说，如果一对夫妇在一起生活得不幸福，丈夫很快就会生病死去。教皇当局一开始调查，很快就了解到存在一个由年轻妻子组成的团体，她们每晚都会在一个名叫希罗妮玛·斯帕拉的老妇家里聚会，目的很神秘。这个丑老太婆是著名的巫婆和占卜师，担任这帮年轻悍妇的首领，后来查明，其中的几个悍妇还属于罗马上层家族。

为了获取这个女性秘密团体活动的有效证据，政府雇用了一位女士来寻求与她们接触。她把自己打扮得十分华丽，由于政府提供了足够的钱，她一说出自己的目标，便毫不费力地在拉·斯帕拉和她的姐妹中争取到了一个听众。她假装因为丈夫的不忠和虐待而处在极端的痛苦中，并恳求拉·斯帕拉给她几滴灵丹妙药，送她残酷的丈夫去那个罗马女士们自吹自擂的"长眠"中。拉·斯帕拉中了圈套，卖给她一些"水滴"，价格与买主的财力相称。

经过分析，这种液体就是人们怀疑的一种慢性毒药：清澈、无味、透明，就像吉斯公爵所说的那样。带着这一证据，警察包围了房子，逮捕了拉·斯帕拉和她的同伙。拉·斯帕拉是一个又小又丑的老女人，她被施以酷刑，但很顽固地拒绝承认她的罪行。另一个叫作拉·葛瑞修莎的女人就没那么坚定了，她坦白了这个罪恶姐妹会的所有秘密。尽管这些口供都是通过酷刑折磨得来的，真实性有待商榷（什么也没有），但仍然有足够的证据向后世表明她们的确有罪。她们被判有罪，并按照罪行的不同程度判处了不同的惩罚。拉·斯帕拉、葛瑞修莎和其他三个年轻女人毒死了她们的丈夫，在罗马一起被绞死。还有三十多个女人在大街上被当众鞭打；另外几个地位高的人避免了更羞耻的惩罚，但都被驱逐出境，并罚以重金。几个月后，又有至少九个女人因投毒被绞死，另一群年轻貌美的女子半裸着身子在罗马的街道上被鞭打。

这些严厉的惩罚未能制止投毒，那些急于继承父亲、叔叔或兄弟遗产的贪男妒妇仍会诉诸投毒。毒药无色无味，不会引起任何怀疑。精明的卖家还能把它调制成不同效力的产品，投毒者只需说明想让受害者多长时间死去，如一周，一个月，或六个月，他们都能调成相应的剂量。卖家主要是女人，其中最著名的是一个叫作托帕妮娅的丑老太婆，她做这个行当促成了六百多人的死亡。她从少女时代开始就是毒药贩子，一开始住在巴勒莫，后来去了那不勒斯。勒巴神父，一位有趣的旅行家，在他的《意大利来信》中描述了很多关于她的奇怪细节。1719年，他当时在契维塔·韦基亚，那不勒斯总督发现毒药交易在本城甚为猖狂，被称为**阿奎塔**（*aqueta*）或小水（little-water）。进一步调查发现，托帕妮娅（她当时已经近七十岁，应该是在拉·斯帕拉被处死不久之后就开始这个罪恶行当了）用小瓶把大量的毒药发往了意大利各地，瓶上写着"巴里的圣尼古拉斯甘露"。

巴里的圣尼古拉斯之墓在意大利闻名遐迩。据说，墓中会渗出一种神奇的油，只要接受者有充足的信念，它就几乎可以治愈肉体的一切疾病。拉·托帕妮娅巧妙地利用这个命名自己的毒药，以此躲避海关官员的监视，因为海关官员和所有的人一样，都对巴里的圣尼古拉斯和他的神奇之油怀有虔诚的敬意。

这些毒药与拉·斯帕拉制作的类似。顺势疗法理论（homœopathic doctrine）之父哈内曼医生曾有过相关的描述，他说，毒药的成分是含砷的中性盐，它让受害者逐渐食欲不振、神经衰落、胃部绞痛、浑身乏力、呼吸不畅。加利亚尔迪神父说，只需要在茶、巧克力或汤中倒上几滴，它的作用很慢，几乎察觉不到。奥地利皇帝的医生加雷利在一封写给霍夫曼的信中说，它是一种结晶的砷，需要和草药辛巴拉里阿（目的不明）一起在水里煮至溶解。那不勒斯人称它为**托芙妮娜之水**（*Aqua Toffnina*）；也是整个欧洲都臭名昭著的**托帕妮娅之水**（*Aqua Tophania*）。

尽管这个女人的无耻贸易范围很广，但很难见到她。她时时担心被人发现。她不断改变自己的姓名和住所，还假装自己是虔诚的人，在修道院住几个月。每当她担心被发现的时候，她就会寻求教会的保护。她很快就得知那不勒斯总督正在寻找她，就按照惯例躲到一个修道院避难。可能是对她的搜查不够严格，也可能是她躲藏的措施非常周到，几年来都成功躲过了当局的监控。更不寻常的是，从她销售网络的分支来看，她的生意还像以前一样继续进行。勒巴神父告诉我们，她很同情那些贫穷的女人，她们憎恨自己的丈夫却又无法摆脱他们，而且，她们也买不起那种神奇的水，对于这些人，她会把这些毒药当作礼物送给她们。

但是，她这套把戏终归不会长久，最后，她在一个女修道院被发现了,而且还没有了退路。总督多次向女修道院院长提出移交她的请求,但都没有奏效。在教区大主教的支持下,女修道院院长始终都没有同意。由此,这个罪犯就显得格外重要,公众的好奇心大发,成千上万的人都来到修道院,只为能看她一眼。

总督的耐心似乎被这些反复的拖延耗尽了。作为一个理智的人,而非狂热的天主教徒,他坚决认为即便是教堂也不能包庇罪大恶极的犯人。他选择了无视女修道院的特权,派了一队士兵突破围墙,**用武力**(*vi et armis*)强行带走了她。大主教红衣主教皮尼亚特利勃然大怒,威胁要将整个城市封锁并逐出教会。受**团队精神**(*esprit du corps*)的鼓舞,所有下级神职人员都参与到了争端之中,并大肆鼓动那些容易轻信和盲从的人,使得他们打算群起攻击总督府,营救囚犯。

形势十分严峻,但总督并不是一个可以被吓倒的人。事实上,他自始至终都表现出一种罕见的机敏、冷静和活力。为了避免被威胁逐出教会带来的恶果,他派兵包围了大主教的宫殿,笃定大主教不至于蠢到将整个城市逐出教会,饿死包括他自己在内的全城市民。只要食物仍在禁令范围之内,商人们就不敢来这个城市兜售食物。这个措施给他和他的神职兄弟们带来了诸多不便,正如总督所料,这位善良的大主教只能将愤怒转移到了其他事情上。

需要处理的还有民众。为了平息他们的抗议,避免可能的暴乱,政府人员巧妙地混到民众之中,四处散布谣言称托帕妮娅已经在城里所有的水井和泉水中下了毒。这就够了。公众的愤怒情绪立刻转向了她。前一秒,他们还将她看作圣人,现在却把她当作魔鬼而咒骂她,他们希望她受到惩罚,这种迫切心情就像之前急于看到她逃脱一样。托帕妮娅受到了严刑拷打。她供认了一长串罪行,并列出了所有雇用过她的人的名字。不久后,她就被绞死了,尸体被隔墙扔到她曾住过的修道院的花园里。这似乎是为了安抚那些神职人员,至少允许了他们埋葬一个在他们地盘上避过难的人。

托帕妮娅死后,下毒的狂热似乎减弱了,但是我们还没有看一下在这之前它对法国人民的影响。1670年到1680年间,投毒已深入法国之中,以至于塞维涅夫人都在她的一封信中说担心法国人和投毒者会变成同义词。

与意大利的情况一样，政府也是从牧师那里知晓了投毒之泛滥，不管是上层女人，还是中下层女人，都曾在告解中承认毒杀了自己的丈夫。消息披露后，两个意大利人埃西利和格拉泽被逮捕并投进了巴士底狱，罪名是配制并出售用于谋杀的毒品。格拉泽死在了监狱里，而埃西利则几个月都未受审判。不久，他在监狱里认识了另一个囚犯圣克鲁瓦，正是通过这个人，投毒在法国人中进一步大肆传播开来。

所有从此人那里习得这种罪恶知识的人中，最臭名昭著的当属布兰维利耶夫人，这个年轻女人的出身和婚姻都属于法国最高贵的家庭。她早年就是狼心狗肺、自甘堕落的人，如果她的忏悔可信的话，那她十几岁之前就已罪孽深重。不过，她长得漂亮，多才多艺，在世人眼中，她堪称优异且仁慈。加约·德·皮塔瓦尔的《著名案件集》(*Causes Célèbres*)和塞维涅夫人的信件中，都把她描绘成一个举止端庄得体之人，脸上丝毫看不出内在灵魂的邪恶。她于1651年和布兰维利耶侯爵结婚，婚后几年的生活并不愉快。他放荡不羁，沉迷酒色，还把圣克鲁瓦介绍给了自己的妻子，而正是这个圣克鲁瓦给她的生活带来了灾难,带着她犯下了种种罪行,直到这些罪行严重到让她一想起就浑身发抖。她对圣克鲁瓦充满了罪恶的情欲,为了得到满足,她一头扎进了罪恶的深渊。在这里,她越陷越深,深到令人极度作呕,直到惩罚降临。

当时,她始终以美好的形象示人,而她的丈夫并不善于掩盖自己的恶心,因而要和她的丈夫合法分居并不难。这件事极大地触怒了她的家人。在此之后,她就完全摘下了面具,公然同她的情人圣克鲁瓦大搞阴谋诡计,致使她的父亲奥布雷先生对她的行为大为恼火,于是就弄来了一份公函(lettre de cachet),把圣克鲁瓦投进巴士底狱关了一年。

在意大利,圣克鲁瓦对毒药只是一知半解。他知道无耻的拉·斯帕拉的一些秘方,狱中与埃西利快速建立某种友谊后,在其指导下对秘方进行了改善。埃西利不仅给他展示了如何制备在意大利使用的液体毒药,还教会了他所谓的继承粉,一种后来在法国人人皆知的毒药。和他的情妇一样,圣克鲁瓦显得和蔼、机智、聪明,在世人面前丝毫没有流露出两种强烈的感情:复仇和贪婪,这两种感情正啮咬着他的心。这两种激情都在不幸的奥布雷家族身上得到了满足：他要复仇，因为他们囚禁了他；他也贪婪，因为他们很富有。他粗枝大叶，挥霍无度，因而总是缺钱，只有布兰维利耶夫人会给他开销，但夫人自己的一份远远不能满足他的需要。一想到自己与财富之间的障碍，他就叹息不已，于是他产生了一个可怕的念头，要毒死她的父亲奥布雷先生和她的两个兄弟，好让她继承财产。对这样一个恶棍来说，三起谋杀案算不了什么。他把他的计划告诉了布兰维利耶夫人；她毫不犹豫地同意提供协助：他配制毒药，而她负责下毒。她开始工作时的热情和敏捷令人难以置信。圣克鲁瓦发现她很善于学习，她很快就和他一样成了制造毒药的专家。为了测试第一批毒药的效力，她分别用在了狗、兔子和鸽子身上。后来，为了更确切地了解这些毒药的效果，她又到各家医院，把毒药下到施舍的汤里，送给生病的穷人。没有哪种毒药是打算一次性致死，所以她可以在某个人身上实验而不用担心会致死。她会在鸽子派里下毒，对父亲邀请来就餐的客人做同样残忍的试验！为了进一步确认效力，她甚至给自己下毒！通过这种孤注一掷的方式确认了毒药的效力后，她从圣克鲁瓦那里拿了解药，以此排除自己的嫌疑，然后就开始着手处理她那白发苍苍的父亲。她亲自把第一剂毒药下到了父亲的巧克力里。毒药效果很好。老人生病了，而他的女儿则装出满是体贴和焦虑的样子守在床前。第二天她给父亲端来了一些所谓高度营养的肉汤，里面也下了毒。就这样，他的身体逐渐消耗殆尽，不到十天，他就成了一具尸体！他的死看起来确实是疾病所致，没有引起怀疑。

当两兄弟从外省赶回来，向他们的父亲尽最后哀伤的责任时，他们发现自己的姐妹从外表上看非常悲痛，一个孝顺的女儿也莫过于此；但两个年轻人却将走向死亡。他们横亘在圣克鲁瓦和即将到手的金子之间，命该当绝。圣克鲁瓦雇了一个叫拉·肖赛的人来协助投毒。不到六个星期，他们双双去了天国。

人们这时开始有所怀疑，但一切都做得滴水不漏，找不到任何一个与此事有关联的人。侯爵夫人还有一个妹妹，由于亲人的去世，她有权获得一半的财产。只有得到全部的财产才能满足圣克鲁瓦，于是他决定让她和她的父兄一起去死。但她太多疑了，动身离开了巴黎，幸运地避免了杀身之祸。

侯爵夫人杀人是为了取悦她的情人。她现在急于为自己的利益再干一次。她希望嫁给圣克鲁瓦，但是，尽管与丈夫分居，她却并没有离婚。她觉得比起向法院申请离婚，毒死丈夫应该更容易些，因为法院起诉可能会被拒。但是，圣克鲁瓦已失去了对这个罪恶工具的爱。坏人不会钟情自己的同类。虽然他自己是个恶棍，但他却丝毫不想再娶一个恶棍，也不急于杀死侯爵。然而，他似乎也参与了阴谋，为她的丈夫提供毒药；但他小心翼翼地准备了补救措施。布兰维利耶夫人今天给丈夫下毒，圣克鲁瓦第二天就给他解药。侯爵就这样被他们两人反复折磨，最终逃过了一劫，却身心俱损。

但是，报应的日子已近在眼前，一场可怕的灾难让谋杀案大白于天下。圣克鲁瓦配制的毒药非常致命，他在实验室里工作时必须戴着面具，以免窒息。一天，面具掉了，这个可怜的卑鄙小人死在了自己的罪行中。第二天早晨，人们在他布置了实验室的昏暗寓所里发现了他的尸体。由于他没有亲友，警察没收了他的财物。在这些物品中，他们发现了一个小盒子，盒子上贴着下面这个奇特的说明：

我谦卑地恳求,无论此盒落入谁手,请务必帮我转交给布兰维利耶侯爵夫人,她住在新圣保罗大街,盒中所有的物品都与她有关,仅归她所有,且只能为她所用。如若她先我而死,希望将盒子连同其中之物一并焚毁,切勿打开或翻动。为避免有人以不知情为由将其打开,我以崇敬的上帝及所有圣人之名发誓,下面所言句句属实:我的意图公正合理,如果有人悖逆,那么无论是在此世还是在来世,我都要让他们的良心受到谴责,以此换取我内心的平静。我声明这是我最后的遗嘱。1672年5月25日写于巴黎。

(签名)圣克鲁瓦

这种诚挚的恳求不但没有得到尊重,反而激起了人们的好奇心。盒子被打开了,里面有一些纸,还有几个小瓶和粉末。后者交由一名化学家进行分析,而文件则由警方保管并查阅。其中有一张布兰维利耶侯爵夫人给圣克鲁瓦的期票,金额为3万法郎。另外一些文件更为重要,它们显示她和她的仆人拉·肖赛与最近的谋杀案有关。布兰维利耶侯爵夫人得知圣克鲁瓦死亡的消息后，第一时间就试图拿到他的文件和箱子。被拒绝后，她认为时间已不多，便立即离开了。第二天警察着手追踪她的行迹，但她已成功逃往英国。拉·肖赛就没那么幸运了。他对暴露其罪行的致命灾祸一无所知，完全没有意识到危险。他被逮捕并接受了审判：在接受拷问时，他承认了给奥布雷父子投毒，并从圣克鲁瓦和布兰维利耶侯爵夫人那里得到了100个皮斯托尔[1]和一笔终身年金的许诺。他被判处轮刑，而侯爵夫人则被缺席判处斩首。他于1673年3月在巴黎格雷夫广场被处决。

布兰维利耶夫人在英国住了近三年。1676年年初，她以为严密的追捕已经结束，便冒险回到了大陆，偷偷去往了列日。尽管她处处小心，但法国当局还是很快就得知她回来了；他们立刻与市政府协商，要求允许法国警察在其法律允许的范围内逮捕布兰维利耶夫人。宪兵德格雷从巴黎来此办理此事。他到达列日时就发现布兰维利耶夫人已经在一个修道院找到了庇护。在这里，法律一直都是鞭长莫及：但是，德格雷不是知难而退的人，他巧使妙计完成

---

1. 皮斯托尔，17世纪西班牙的一种古老金币。

了武力实现不了的目标。他化装成神父,获准进入了修道院,并得到了面见布兰维利耶夫人的机会。他说,作为一个路过列日的法国人,他必须要拜访一下这位美丽而又不幸的著名女士。这些赞美之词满足了她的虚荣心。用一句粗俗却有说服力的话来说,德格雷发现"他抓住了她的弱点";他继续熟练地滔滔不绝地说着爱慕和赞美的话,直到迷惑的侯爵夫人完全失去了警惕。没费太多口舌,她就同意在修道院的围墙外与他见面,他们在那里可以更方便地调情。按照她与她所谓的新情人的约定,她去了那里,但见到的不是勇士的怀抱,而是警察的拘捕。

她的审判没拖太久。对她不利的证据很充分。拉·肖赛的临终证词本身就足以给她定罪,除此之外,还有贴在圣克鲁瓦盒子上的神秘说明,她逃离法国,以及最确凿有力的证据——圣克鲁瓦的遗物中发现了一张纸,上面的内容是她亲笔所写,其中详细描述了她一生中的罪行,并在谈到她父亲和兄弟被谋杀时,毫不含糊地说出了她的罪行。审判期间,整个巴黎都陷入了混乱。布兰维利耶夫人是人们唯一的谈资。她犯罪的所有细节都被公之于众,被公众如饥似渴地仔细品读,秘密下毒的观念第一次灌输到了上百人的脑中,他们后来也会犯下同样的罪行。

1676年7月16日,巴黎高级刑事法院宣布了对她的有罪判决,罪行涉及谋杀父兄和谋害妹妹未遂。判罚包括,她要光着脚被绑在木框上,脖子上拴着绳子,手里举着燃烧的火把,一路拉到巴黎圣母院大教堂门口,她要在众目睽睽之下**当众认罪**(*amende honorable*),再从那里拉到格雷夫广场斩首,然后焚毁尸首,挫骨扬灰。

判刑后,她完全供认了自己的罪行。她似乎对死亡已无所畏惧,但这只是鲁莽而非勇气在支撑着她。塞维涅夫人说,当她被绑在木框上拖向断头台时,她恳求告解神父利用他对刽子手的影响,让他站在自己的身边挡住视线,以免自己看到"诱捕她的恶棍德格雷"。她还问那些趴在窗口观看游行的女士在看什么?还说:"你们看到的真是一幅美丽的景象,真的!"在断头台上时,她还放声大笑,临死还跟以前一样,不知悔改,没心没肺。第二天,人们成群结队地来收集她的骨灰,把它们当作圣物保存起来。她被认为是一位殉道的圣人,而她的骨灰被赋予了神的恩典,具有治愈所有疾病的力量。民众的愚蠢常常把某些人奉为圣人，但这些人的自命不凡却着实存疑。在这件事情上，大众的愚蠢真是令人作呕，无与伦比。

在她死前，针对佩诺蒂埃先生的诉讼也启动了，他是朗格多克省财政主管，同时也是神职人员的税收局局长，指控者是一位叫圣罗兰的女士，她控告佩诺蒂埃先生毒死了她的丈夫，即前任神职人员税收局局长，以此获得这一职位。这一案件的细节从未披露过，同时还有人在竭力阻止此案的审讯。人们都知道佩诺蒂埃先生与圣克鲁瓦和布兰维利耶夫人关系密切，认为他的毒药就是从他们那里得来的。然而，布兰维利耶夫人拒绝吐露任何可能让他牵涉其中的事情。他在巴士底狱待了几个月后，调查无果而终。

当时有流言称，邦兹红衣主教是佩诺蒂埃的帮凶。红衣主教的财产负担着好几笔沉重的年金，但是，大约在投毒变得盛行之时，领年金的人一个接一个地死了。后来，红衣主教在谈到这些领年金的人时常说："感谢我的福星，我比他们都活得长！"一个幽默的人看见他和佩诺蒂埃同坐一辆马车，就引用这句话喊道："那就是邦兹红衣主教和他的福星！"

就是在这时，投毒的狂热开始占据了大众的头脑。从那时到1682年，法国的监狱里挤满了被指控犯有此罪的犯人。奇怪的是，其他犯罪行为也在同比例减少。我们已经看到了它在意大利传播的程度。而法国却可能有过之而无不及。这种毫无味道的毒药可以像恶魔一样轻而易举地实施谋杀，因而吸引了心怀不轨之人。嫉妒、报复、贪婪，甚至是轻微的怨恨，都会诉诸投毒。那些因为害怕被发现而不敢使用手枪或匕首的人，或是担心大剂量毒药会立即致死的人，都会毫不畏惧地使用慢性毒药。当时的腐败政府虽然对类似佩诺蒂埃这种有钱有势的朝臣的暴行视而不见，但看到此种罪行在民众中蔓延，还是会感到震惊不已。事实上，在欧洲人眼里，法国人的名声很差。为阻止恶行，路易十四设立了所谓的"火焰法庭"（Chambre Ardente），赋予其巨大的权力审判和惩罚囚犯。

在这个时期，有两个女人最为臭名昭著，她们造成了数百人的死亡。两人名字分别为拉瓦森和拉维戈鲁，均住在巴黎。与斯帕拉和托帕妮娅一样，她们主要也是仿照两位前辈将毒药卖给那些想要摆脱自己丈夫的女人，有时也会卖给那些意图除掉自己妻子的丈夫。她们表面上的工作是助产士，同时也会假扮成占卜师，接待社会各个阶层的访客。富人和穷人都会来到她们的阁楼（mansardes），了解未来的秘密。她们的预言主要是关于死亡的。她们给女人们预言丈夫即将逝去，会向急迫的继承人预测富有亲戚的死期，正如拜伦所说，这些亲戚"让他们等得太久，太久了"。她们一般都小心翼翼地让预言得以实现。她们常常告诉可怜的雇主，房子里会出现一些即将到来的死亡迹象，比如玻璃或瓷器的破碎；然后她们会付给仆人一大笔钱，让他们在指定的时间打碎这些东西，就好像是突然发生的。作为助产士，她们也会知道许多家庭的秘密，后来她们就把这些秘密变成了可怕的故事。

在被发现之前，她们这种可怕的交易从事了多久，人们不得而知。1679年年底，她们终于被发现了。两人均被判有罪，1680年2月22日，她们在格雷夫广场被处刑，先是用烧红的铁把双手钻透，然后再砍下，最后将她们活活烧死。她们在巴黎和外省的许多同谋也被发现并送交审判。有些人说是三十人，也有人说是五十人，其中主要是妇女，都被押到了主城绞死。

拉瓦森有一份来她家购买毒药的访客名单。这张纸在她被捕时被警察没收并交由法庭审查。在这些名字中发现了卢森堡元帅、索瓦松伯爵夫人和布永公爵夫人。元帅去拜访这样一个女人,似乎只是做了一件不光彩的蠢事,但民众却认为他的罪过不仅仅是愚蠢。《乌得勒支和约以来的欧洲事务回忆录》(*Memoirs of the Affairs of Europe since the Peace of Utrecht*)的作者说:"那个经营毒药和预言的可怜团伙声称,他已经把自己卖给了魔鬼,一个叫杜宾的年轻女孩被他毒死了。在其他的故事中,他们说他与魔鬼签订了一份契约,以便让他的儿子娶鲁瓦侯爵的女儿为妻。当时,这位元帅已经因第一项指控而被关进了巴士底狱,对于这些残酷而荒谬的指控,他带着一种高傲又无辜的混杂感情回答说:'我的祖先马提厄·德·蒙特默伦西娶路易·勒·格罗斯的遗孀为妻时,他求助的是议会而非魔鬼,以便为那位小国王争取蒙特默伦西家族的支持。'这位勇士被囚禁在一间长度仅六英尺的牢房里,他的审判停滞了几周后又进行了十四个月。最后没有任何判决。"

索瓦松伯爵夫人逃到了布鲁塞尔,不愿冒被审判的风险,她一直都无法摆脱自己身上的污名,因为她曾试图用继承粉毒害西班牙女王。布永公爵夫人被逮捕了,交由火焰法庭审判。不过,她似乎与慢性毒药毫无关系,只不过是想去探听一下未来的秘密，顺便看一下魔鬼满足自己的好奇心。火焰法庭庭长之一拉·雷尼是一个又丑又矮的老头儿，他严肃地问她是否真的看见了魔鬼；夫人直视着他的脸回答道："是的！我现在看见他了。他是一个又丑又矮的老头儿，脾气极差，还穿着一件国务顾问的长袍。"面对这样一个伶牙俐齿的女士，雷尼先生谨慎地不再问任何问题。公爵夫人在巴士底狱被囚禁了几个月，由于没有任何对她不利的证据，她在有权有势的朋友的干涉下被释放了。对这类罪犯的严厉惩罚本应有助于降低庸众效仿的热度，而这些人却相较而言并未受到什么惩罚，使得事态朝着相反的方向发展了。尤其是佩诺蒂埃和他的雇主，富有的邦兹红衣主教，他们两人的逃跑造成了最为恶劣的影响。此后两年多的时间里，这种罪行继续肆虐着，直到一百多人被送上火刑架或绞刑架后，它才最终被压制住了。[1]

---

1. 不幸的是，近几年，慢性投毒这种罪行在英国又死灰复燃，程度之严重足以让整个国民品性蒙羞。投毒者主要是社会最下层的女性，受害者是她们的丈夫或孩子。绝大多数的犯罪动机极为卑劣，令人难以想象，比如从她们所属的丧葬社团获得保险费或丧葬费。近期出台了一项法令，严格控制砒霜和其他毒药的销售，它的施行就算不能根除这种恶劣的罪行，但也有望对其加以控制（1851年）。——原注

图书在版编目（CIP）数据

怪异的大众幻想 /（英）查尔斯·麦基著；张凯译. —北京：商务印书馆，2023
（伟大的思想. 第二辑）
ISBN 978-7-100-22031-6

Ⅰ.①怪… Ⅱ.①查… ②张… Ⅲ.①金融学—文集 Ⅳ.①F830-53

中国国家版本馆CIP数据核字（2023）第062209号

权利保留，侵权必究。

伟大的思想 第二辑
怪异的大众幻想
〔英〕查尔斯·麦基 著
张 凯 译

商 务 印 书 馆 出 版
(北京王府井大街36号 邮政编码 100710)
商 务 印 书 馆 发 行
山东临沂新华印刷物流
集团有限责任公司印刷
ISBN 978-7-100-22031-6

2023年9月第1版　　开本 787×1092 1/32
2023年9月第1次印刷　　印张 47

定价：260.00元（全十册）